Alexandra Reinwarth

AUF MEINE SCHWÄCHEN IST wenigstens VERLASS

Alexandra Reinwarth

AUF MEINE SCHWÄCHEN IST wenigstens VERLASS

Wie du entspannst, wenn du deine Fehler liebst

mvgverlag

Bibliografische Information der Deutschen Nationalbibliothek
Die Deutsche Nationalbibliothek verzeichnet diese Publikation in der Deutschen Nationalbibliografie. Detaillierte bibliografische Daten sind im Internet über http://d-nb.de abrufbar.

Für Fragen und Anregungen
info@mvg-verlag.de

Originalausgabe
1. Auflage 2022
© 2022 by mvg Verlag, ein Imprint der Münchner Verlagsgruppe GmbH
Türkenstraße 89
80799 München
Tel.: 089 651285-0
Fax: 089 652096

Alle Rechte, insbesondere das Recht der Vervielfältigung und Verbreitung sowie der Übersetzung, vorbehalten. Kein Teil des Werkes darf in irgendeiner Form (durch Fotokopie, Mikrofilm oder ein anderes Verfahren) ohne schriftliche Genehmigung des Verlages reproduziert oder unter Verwendung elektronischer Systeme gespeichert, verarbeitet, vervielfältigt oder verbreitet werden.

Redaktion: Iris Rinser
Umschlaggestaltung: Isabella Dorsch
Umschlagabbildung: Shutterstock.com/WICHIAN LEEARIYA
Satz: inpunkt[w]o, Haiger | www.inpunktwo.de
Druck: **CPI books GmbH, Leck**
Printed in the EU

ISBN Print 978-3-7474-0472-0
ISBN E-Book (PDF) 978-3-96121-856-1
ISBN E-Book (EPUB, Mobi) 978-3-96121-857-8

Weitere Informationen zum Verlag finden Sie unter

www.mvg-verlag.de
Beachten Sie auch unsere weiteren Verlage unter www.m-vg.de

INHALT

Es lebe der Fehler – ein Geständnis!. 8

Wer keinen Fehler macht, macht auch sonst
nicht viel 12

Leute, die keine Fehler haben 17

Fehler, die nicht wehtun – zumindest nicht sehr 32

Schon wieder? Das darf doch nicht wahr sein!. 43

Große Gefühle verleiten zu genauso
großen Fehlern 55

Autsch – das Ding mit der Verletzlichkeit 85

Fehler in der Werkseinstellung 104

Fehler, die man macht, weil man sich selbst
nicht kennt. 119

Fehler, die gar keine sind
(von denen man aber selbst denkt, es seien welche) . . 138

Fehler, die gar keine sind
(von denen andere denken, es seien welche) 150

Fehler, die wir nicht begangen haben 155

Fehler, bei denen einem in dem Moment,
in dem man sie macht, schlagartig klar wird,
dass das ein Fehler war 165

Jetzt habe ich schon so viel Nerven investiert –
Fehler, die man durchzieht 178

Die Fehler der anderen 189

Fehlerfinale 206

Über die Autorin 218

»Unsere Mängel sind unsere besten Lehrer: Aber gegen die besten Lehrer ist man immer undankbar.«

Friedrich Nietzsche

ES LEBE DER FEHLER – EIN GESTÄNDNIS!

Auf meine Schwächen ist wenigstens Verlass. Ich möchte fast sagen: Auf nichts sonst ist so sehr Verlass wie auf meine Schwächen! Und damit meine ich nicht nur diese niedlichen kleinen Schwächen wie die für Toffifees, Riemchensandalen und süße kleine Entenbabys, die machen ja keine Probleme – zumindest keine großen. Die gehen ja sogar noch als Vorlieben durch – und Vorlieben sind maximal »liebenswerte Eigenheiten«. Dieser Begriff ist zugegeben dehnbar, und was für manche noch als liebenswerte Eigenheit durchgeht (ich nehme im Supermarkt nie das erste Produkt im Regal, sondern lange IMMER nach ganz hinten), ist für andere schon an der Grenze zur Verschrobenheit (»Was ist denn mit *dir* los?«).

Über diese Dinge können wir schmunzeln, sogar bei uns selbst, und das ist ja wohl mit die schönste Haltung, die man sich selbst entgegenbringen kann. Über andere Eigenheiten wiederum kann eventuell nur einer von beiden schmunzeln, während sie das Gegenüber in den Wahnsinn treiben.

Es lebe der Fehler – ein Geständnis!

L., mein Ex und der Vater meines reizenden Kindes zum Beispiel, hat mal nach einem Umzug ganze drei Tage gebraucht, bis er sich für einen Namen für unser WLAN entscheiden konnte. Drei Tage, in denen wir kein Internet hatten, WEIL ER UNBEDINGT WOLLTE, DASS DIE NACHBARN SEHEN, WIE LUSTIG ER IST, WENN ES IHNEN ANGEZEIGT WIRD! Ich habe mich wohlgemerkt nicht deswegen von ihm getrennt, aber – halleluja! – wie sehr kann man lustig sein wollen? Zugegeben, es gibt auch von meiner Seite die eine oder andere Schwäche, die für meine Mitmenschen deutlich nervenzehrender ist als für mich – so wird nie ein Mann in meinem Bad einen Platz für seinen Rasierschaum finden oder was die so benutzen, denn jeder Quadratzentimeter ist vollgestellt mit Fläschchen, Sprays, Cremetiegeln, Schwämmchen und allem, was eine Drogerie in der Abteilung Körperpflege so zu bieten hat. Das läuft immer gleich: Ich gehe nur schnell in einen Drogeriemarkt, um Waschmittel zu besorgen, und finde mich mit einem dieser Einkaufskörbchen vor den verführerischen Regalen voller zauberhafter Dinge wieder. Von da an läuft es irgendwie aus dem Ruder. Ich meine, da stehen einfach immer so hervorragende Dinge drauf! »Für voluminöses, lockiges Haar« zum Beispiel oder »Für einen strahlend frischen Teint«. Ich bitte Sie – wer will denn so etwas *nicht*? Ich will es auf jeden Fall, und stünde auf irgendeiner Verpackung einfach nur »Macht schöner«, ich würde zugreifen. Vor L., der in seiner Verzweiflung irgendwann anfing, im Badezimmer Regale einzubauen, habe ich diese »Schwäche« sozusagen als Rechtfertigung benutzt: Ich habe eben eine Schwäche für Pflegeartikel! Er konnte doch froh sein, dass ich nicht eine

Es lebe der Fehler – ein Geständnis!

Schwäche für Giftschlangen oder Plutonium habe! Rasierschaum hin oder her, diese Rechtfertigung, »eine Schwäche zu haben«, hat allerdings Grenzen, ganz klar. Der Mann meiner Freundin Ines zum Beispiel versuchte seine Affären, die irgendwann allesamt aufflogen, mit einer Schwäche für blonde Mittzwanzigerinnen zu verharmlosen. Das hat dann, Überraschung, nicht so gut geklappt. Merke: Wann immer jemand zu Schaden kommt, fällt das Argument der »Schwäche für etwas« hinten runter. Stellen Sie sich mal vor, Sie bringen das Argument vor Gericht:

»Gestehen Sie, die Nationalbank überfallen zu haben?«
»Ich habe da nun mal so eine Schwäche für Geldscheine!«
»Ach so, na dann ...«
So läuft das nicht.

Wir reden also nicht über Schwächen als Vorlieben, als ein Sich-zu-etwas-hingezogen-Fühlen, dem man nur zu gerne nachgibt. Über was reden wir dann?

Das ist die Stelle, an der ich Ihnen gestehen muss, dass ich Sie hereingelegt habe. So, jetzt ist es raus. Es geht hier nämlich um Schwächen im wahrsten Sinne des Wortes – um Schwachstellen, um Unvollkommenheit, um Unzulänglichkeiten, kurz, um jede Menge wirklich unschöne Dinge, man könnte auch sagen: Fehler. Aber wenn man in einer Sitzung in einem Verlag so etwas sagt wie »Ich habe hier eine Spitzenidee für ein Buch! Es geht um etwas, das uns alle angeht, das wir alle kennen!«, dann lehnen sich erst alle so ein bisschen nach vorne und gucken ganz interessiert. Und wenn ich dann aber damit rausrücke: »Es geht um ... Fehler!«, dann frieren die Gesichtszüge der Anwesenden

Es lebe der Fehler – ein Geständnis!

ein bisschen ein, und alle fangen plötzlich an, ihre Schuhe zu betrachten.

Seien wir ehrlich: »Fehler« klingt nicht gut. Ich weiß das. »Fehler« klingt nach mieser Laune, nach Versagen, Ärger und Tränen. Nicht das beste Wort für ein Buchcover. Aber wo Sie jetzt schon mal hier sind, kann ich Sie hoffentlich erwärmen für Fehler, diese komplizierten Gefährten, die unser Leben chaotischer, schwieriger, anstrengender und unvorhersehbarer machen – die aber auch ganz wunderbare Seiten haben, auf die wir nicht verzichten können. Lassen Sie sich darauf ein – dafür erzähle ich Ihnen auch ein paar von meinen Fehlern, die zumindest für alle außer mich wirklich unterhaltsam sind.

Gehen wir es an!

WER KEINEN FEHLER MACHT, MACHT AUCH SONST NICHT VIEL

Kein Mensch ist perfekt – und trotzdem durch und durch großartig! Zugegeben, »durch und durch großartig« ist eventuell ein klitzekleines bisschen übertrieben – außerdem müsste ich der Vollständigkeit halber eine Liste mit Leuten anhängen, auf die diese Aussage nicht mal im Ansatz zutrifft. Eine lange Liste. Aber um die geht es hier nicht. Es geht um die anderen: um die, die sich bemühen und trotzdem Fehler machen, um die, die straucheln, manchmal verzweifeln, auch an sich selbst, um die, die versuchen, es besser zu machen und das manchmal auch schaffen, Rückschläge erleiden und es wieder probieren. Die, die von ihren Fehlern überrascht werden, und die, die sehenden Auges ins Unglück rennen und sich dabei denken: *Ich bin so ein Depp.*

Hallo, meine Lieben, wir haben so viel gemeinsam.

Beneidenswert, an dieser Stelle sei es gesagt, ist die Einstellung, die Kinder zu Fehlern haben:

Wer keinen Fehler macht, macht auch sonst nicht viel

»Fehler sind unsere Freunde!«, sagt das Kind voller Überzeugung und zieht dabei belehrend die Augenbrauen nach oben. Das hat ihm nämlich seine Klassenlehrerin gesagt. Das ist natürlich ein ebenso tiefsinniger wie reizender Ansatz, wird aber von dem Kind als Argument dafür verwendet, warum es seine Rechtschreibfehler nicht mehr korrigiert.

Vielleicht hätte die Klassenlehrerin die Bedeutung ihrer Worte etwas besser erklären sollen, denke ich, aber das hat sie sich eingebrockt, das kann sie nun selbst wieder auslöffeln. »Fehler sind unsere Freunde …?«, versuche ich dann auch prompt seine Strategie, als mir am selben Abend L. Vorhaltungen macht, ich hätte vergessen, für das Abendessen einzukaufen.[1] »Ich habe *fast* alles!«, versuche ich es weiter, »Zwiebeln, Karotten, Weißwein, sogar an den Rosmarin habe ich gedacht! Nur weil ich EINE Zutat vergessen habe …«

Aber L. ist wenig beeindruckt. »Du hast das Huhn vergessen. Das ist enorm wichtig für Brathähnchen.«

Verteufelt schwierig, das noch irgendwie ins Positive zu drehen.

Nach einem großartigen Ofengemüse fällt es mir dann doch noch ein: »Siehst du, hätte ich nicht das Huhn vergessen, wäre uns dieses herrliche Gericht entgangen!«

Woraufhin L. mich mit diesem »Also bitte, Alex, ernsthaft?«-Blick ansieht, den er immer aufsetzt, wenn es absurd wird.

Fehler sind aber tatsächlich nicht immer automatisch etwas Schlechtes, Gemüse hin oder her, denke ich, und das gärt in mir ein bisschen vor sich hin. Der Gedanke, nicht das Gemüse. »Aber im Ernst«,

---

1 · Falls Sie sich wundern: L. ist zwar mein Ex-Mann (und Vater des reizenden Kindes), aber wir verbringen trotzdem Zeit miteinander. Zum einen, weil er der Vater des reizenden Kindes ist, zum anderen, weil wir uns gut leiden können. Meistens.

Wer keinen Fehler macht, macht auch sonst nicht viel

bringe ich das Thema beim nächsten Meeting wieder auf den Tisch, denn es lässt mir keine Ruhe. »Meeting«, das sollte ich an dieser Stelle erklären, ist kein berufliches Treffen im Büro mit Geschäftskollegen und jeder Menge Präsentationen, sondern ein privates Damenkränzchen in einer Bar mit meinen Freundinnen Anne und Jana und jeder Menge Wein. Wir nennen es nur so, denn »Ich muss zum Meeting« klingt irgendwie eleganter als »Ich geh noch einen heben«.

»Also du meinst, dass generell Fehler, die einem so unterlaufen, nicht immer schlecht sein müssen?«, resümiert Anne, und ich nicke. »Ja, genau!«, finde ich und wir sehen zu Jana, die versonnen in die Ferne blickt und mehr zu sich selbst als zu uns sagt: »Weiß Gott, ein paar waren wirklich der Hammer …«

»Der Argentinier?«, frage ich, und Jana sieht mich an.

»Ja«, lächelt sie, und dann: »Der auch.«

Das ist übrigens ein lustiges Phänomen: Wann immer ich erwähne, dass ich mich gerade mit Fehlern beschäftige, kommt von allen weiblichen Gesprächsteilnehmern prompt wie aus der Pistole geschossen irgendein Männername – aber das nur am Rande.

Bei unserem Meeting stellten wir also fest, dass Fehler tatsächlich viel hilfreicher sind, als man denkt.

Aber wir kommen auch auf andere Begebenheiten zu sprechen:

»Wie damals, als du einen Urlaub auf Korfu gebucht hast, weil du es mit Korsika verwechselt hast? Und das dann der Urlaub des Jahrhunderts wurde?«, fragt Anne und grinst dabei in meine Richtung. »Ja, so in etwa«, murmele ich, denn das ist mir immer

Wer keinen Fehler macht, macht auch sonst nicht viel

noch unangenehm. »Oder als du in der Mail an einen Kunden aus Versehen diesen Quatsch-Vorschlag für seinen Slogan mitgeschickt hast – und er den prompt total toll fand?«, legt Jana nach. »Wie war der noch? ›Alles beschissen – da hilft nur Klopapier Kruge!‹?«

»Hm, ja«, muss ich grinsen, das ging tatsächlich überraschend gut aus gemessen an dem Schock, den ich verspürte, als die Mail gesendet war und ich den Slogan im Anhang entdeckte. »Ich bin im Nachhinein sehr froh, dass ich bei der Aufnahmeprüfung für die Hebammenschule jede Menge Fehler gemacht habe ...«, sinniert Anne weiter, »es hat mich davor bewahrt, einen noch viel größeren Fehler zu begehen, denn das wäre echt nichts für mich gewesen. Aber das weiß ich erst jetzt.« Bei unserem Meeting stellten wir also fest, dass Fehler tatsächlich viel hilfreicher sind, als man denkt.

Und sie sind dabei so vielseitig wie Jeans: Es gibt solche, von denen man schon im ersten Moment weiß, dass sie ein Fehler sind, bei anderen schüttelt man erst im Nachhinein über sich selbst den Kopf und fragt sich, was einen da nur geritten hat.

Manche passieren einem nur einmal, manche macht man immer wieder, und wenn es ganz arg kommt, behält man einen Fehler ein Leben lang. Es gibt lustige Fehler und schlicht dämliche, und manche macht man, obwohl man sogar zuvor gewarnt wurde. Es gibt Fehler, die kann man irgendwie ausbügeln, und andere sind fiese Psycho-Fallen aus der Kindheit – aber auch die sind zu was nutze. Also ja, Fehler sind durchaus, auf ihre eigene, verkorkste Art, unsere Freunde.

Die gute Nachricht ist: Auch Sie haben welche! Ja, ganz sicher.

Wer keinen Fehler macht, macht auch sonst nicht viel

Wir alle verfügen über eine schier unerschöpfliche Quelle dieses ganz wunderbaren Rohstoffs, und seien Sie froh drum, denn Ihre Fehler verleihen Ihnen eine bunte Palette an einzigartigen Fähigkeiten und Vorteilen – nehmen Sie die mit!

Die gemeine Masse an Fehlern teilt sich dabei in komplett unterschiedliche Fehlerkategorien. Nämlich in:

- Fehler, die man macht,
- Fehler, die man hat,
- Fehler, die man macht, weil man Fehler hat,
- Fehler, die gar keine sind – von denen man aber denkt, es wären welche,
- und Fehler, die gar keine sind – von denen aber andere denken, es wären welche,
- Fehler, die wir nicht begangen haben,
- Fehler, die wir durchziehen,
- und natürlich die Fehler der anderen.

Aber fangen wir doch mit denen an, die keine Fehler haben: Was ist denn mit denen los?

LEUTE, DIE KEINE FEHLER HABEN

Ich weiß nicht, ob Sie auch so einen Freund haben, der scheinbar nie Fehler macht – und auch gar keine hat! Ich habe einen Dirk, und wenn es nach Dirk geht, dann ist in Sachen Dirk alles tippi-toppi.

Also wenn sich die Gelegenheit ergibt und man in kleiner Runde über Fehler spricht, und darüber, wie diese einem das Leben schwer machen können, dann sagt Dirk so etwas wie: »Na ja, mein großer Fehler ist, dass ich zu viel Geld für richtig guten Wein ausgebe.« Wer da nicht insgeheim »Arschloch« denkt, der werfe den ersten Stein.

Aber es gibt auch subtilere Charaktere. Der Ex-Mann L. zum Beispiel, ein durchaus intelligenter und reizender Kerl, der ist auf wundersame Art und Weise niemals selbst schuld an irgendeinem Unbill. Das zieht sich durch seine gesamte berufliche und private Laufbahn. Er hat das Abitur nicht geschafft – ein Lehrer hatte ihn auf dem Kieker. Die Ausbildung wurde abgebrochen – die Bedingungen waren nun mal untragbar. Seine erste Ehe ging in die Brüche – weil? Genau, seine Angetraute war zu irgendwas. Und sein Geschäft, das er als Selbstständiger aufgezogen hatte,

Leute, die keine Fehler haben

wurde vom hinterhältigen Finanzamt dahingerafft. Er war praktisch chancenlos, es lag am System. Und wenn das Kind bei ihm übernachtet und am Morgen während eines Wolkenbruchs als Einziges ohne Regenschirm oder Gummistiefel in die Schule latscht – »DANN HÄTTE ES DA EBEN SELBST DRAN DENKEN MÜSSEN!«, sagt L. (Für alle, die das nicht so einordnen können: Das Kind ist acht – da kann man schon froh sein, dass es nicht nur mit Raketenunterhosen bekleidet losstapft.)

Das ist ja auch so ein ganz elementares Merkmal, in dem sich Leute unterscheiden: Die einen denken, sie seien immer selbst an allem schuld, und die anderen denken, alle anderen seien an allem schuld. Ich spiele, Überraschung, in der ersten Liga mit und bin daher ungemein anziehend für die Herrschaften aus der zweiten. Wenn zu mir jemand unmöglich ist, tendiere ich naturgemäß dazu, mich zu fragen, was ich denn nur falsch gemacht habe! Oder, erst vor ein paar Tagen so passiert: L. (ansonsten ein reizender Kerl, wirklich) und ich haben einen Wochenplan, wer wann das Kind von der Schule abholt, es dort hinbringt und wo es übernachtet. Das klappt selten gut. Warum das selten gut klappt, darüber gehen die Meinungen auseinander – ein Klassiker:

L.: »Alex, wir haben da ein Problem am Freitag, da soll ich ja das Kind abholen, aber …«, und dann erzählt L., wie er am letzten Arbeitstag etwas früher Schluss gemacht und deshalb die Wochenpläne für nächste Woche nicht bekommen habe, sondern erst heute – und nun, tja. Muss er an dem Tag arbeiten, an dem er dran ist, das Kind abzuholen.

Hier die vollkommen verschiedene Herangehensweise unserer beiden Gehirne:

WAS L. DENKT	**WAS ICH AN SEINER STELLE DENKEN WÜRDE**
Ich kann nichts dafür, ich hatte ja die Wochenpläne nicht – die Firma muss schließlich dafür sorgen, dass alle Mitarbeiter die bekommen. *Das Kind ist unser gemeinsames, also ist das Problem auch unser gemeinsames.* *Und warum guckt sie so grantig?*	*Ich Knallerbse habe es vermasselt.*

Sie verstehen das Prinzip. Ich habe erstaunlich lange gebraucht, um dieses Prinzip zu verstehen. Inzwischen frage ich nach. »Warum kannst du am Tag X nicht das Kind abholen?«, und erfreue mich dann am Seiltanz von L., das irgendwie hinzuargumentieren. »Weil da mein Zahnarzttermin ist!«

»Aber warum hast du den Termin ausgerechnet für diesen Tag ausgemacht?«

»Weil … mein Handy leer war und ich beim Terminausmachen den Kalender nicht aufmachen konnte!«

Das Handy ist schuld. Und das ist nicht mal gelogen, der meint das wirklich! Wenn man nun aus Spaß (oder weil man die Faxen dicke hat) dieses Spiel immer weitertreibt, nur um den Satz zu hören: »Da habe *ich* einen Fehler gemacht«, dann kann man natürlich weiterbohren:

»Warum hast du es denn nicht aufgeladen?«

»Weil ich keine Zeit hatte, ich war spät dran, ich musste in **die Arbeit**.«

»Warum hast du es nicht dort geladen?«

»Da war so viel los, **die Kunden** …«

»Da konntest du nicht das Handy einstecken nebenbei?«

»Was willst du eigentlich von mir?«

Ansonsten ist er wirklich reizend.

L. sowie das Kind und ich leben seit beträchtlicher Zeit in Spanien und die spanische Sprache kommt L. in dieser Hinsicht sehr entgegen. Im Spanischen gibt es nämlich eine ganz wunderbare Art und Weise, von Dingen zu sprechen, die man vergessen, verschludert oder sonst wie vermasselt hat: »Se me ha olvidado.« Zu Deutsch: »Es hat sich mir vergessen.« Also nicht »*Ich* habe etwas vergessen«, sondern irgendeine übernatürliche, heimtückische Macht hat dafür gesorgt, dass es sich mir vergessen wurde. Ich liebe das. Nur L. liebt das noch mehr. Inzwischen hat auch das Kind diesen eleganten Schlenker übernommen:

»Was ist denn mit der Vase passiert?«

»Die hat sich mir runtergefallen!«

Wenn man Leuten wie L. etwas vorwirft, also ganz persönlich, und etwas ganz Konkretes – »Du hast XY gemacht/nicht gemacht« –, und sie können es auf Teufel komm raus nicht irgendwem anders in die Schuhe schieben und auch keinen Umstand dafür verantwortlich machen, dann haben sie nur noch die Möglichkeit, vom Thema abzulenken. Das geht dann in der Regel mit einer dieser beiden Strategien:

- Strategie 1: Attacke!

    Eine grandiose Strategie. Man kennt das noch aus dem Kindergarten, wenn ein Dreikäsehoch den anderen »Blödmann«

nennt, dann heißt es nämlich? Genau: »Selber Blödmann!« Mit fortschreitendem Alter wird dieses »Selber« dann etwas ausgereifter. Dabei ignoriert das Gegenüber den eigentlichen Vorwurf und kramt eine beliebige Begebenheit aus der Vergangenheit hervor, bei der man selbst nicht unbedingt geglänzt hat, und beackert diese. Das fängt dann zum Beispiel mit den Worten an: »Aber du hast …«, und schon ist man inmitten einer komplett anderen Diskussion! In dem einen Moment sind Sie noch dabei, den Unmut darüber zu äußern, dass Ihr Liebster SCHON WIEDER vergessen hat, das Kind von der Schule abzuholen, und ZACK!, wie durch Magie verteidigen Sie sich plötzlich, dass Sie 1987 mal kein Klopapier nachgelegt haben.

- Strategie 2: Die Art und Weise des Vorwurfs kritisieren
  Das funktioniert so, dass während einer Diskussion, besonders wenn sie an Fahrt gewinnt, der »Schuldi« sich darauf einschießt, *wie* er kritisiert wird. Zu emotional, zum Beispiel. (Was auch kein Wunder ist, denn diese Vermeidungsstrategien bringen einen recht zuverlässig auf die Palme.) Und plötzlich diskutiert man nicht mehr über den Fakt, dass er SCHON WIEDER vergessen hat, das Kind von der Schule abzuholen, sondern darüber, ob man bei der Formulierung ein falsches Wort verwendet hat, ob man sein Anliegen zu aufgebracht vorbringt, im falschen Moment oder zur falschen Tages- oder Nachtzeit.

Warum die das machen? Keine Ahnung. Ich habe aber eine Vermutung. Allem Anschein nach scheint es in der Welt der fehler-

Leute, die keine Fehler haben

freien Leute ja nicht in Ordnung zu sein, dass sie welche machen. Warum? Och. Das ist ja meistens so ein Kindheitsgedöns – vielleicht sind sie mit der Überzeugung aufgewachsen, sie wären weniger wert oder nicht liebenswert, wenn sie Fehler machen, die Welt würde sich dann von ihnen abwenden, irgend so etwas, das eine Therapeutin Jahre später aus ihnen herausschälen muss. Weil ihnen aber natürlich trotzdem, wie jedem Menschen, Fehler passieren, kommt es zu einer inneren Missstimmung zwischen dem, wie sie sind (fehlerhaft), und dem, wie sie auf keinen Fall sein wollen (fehlerhaft), und diese Missstimmung nennt man kognitive Dissonanz. Schon mal gehört?

Das ist eine ganz ähnliche Missstimmung, wie ich sie empfinde, wenn ich zum Beispiel Moleskine-Büchlein kaufe. Kennen Sie die? Das sind so Notizbücher mit einem Gummibändchen zum Verschließen, und innen gibt es eine Innentasche aus Papier für – ehrlich gesagt, ich weiß nicht, für was. Dieses Büchlein kostet in der Ausgabe, die mir gefällt, knapp 20 Euro, in der Ausgabe, die mir besonders gut gefällt, 45. Es steht wohlgemerkt nichts drin, nicht die zukünftigen Lottozahlen und auch sonst keine Geheimnisse – es sind leere, linierte Seiten.

Ich hatte diese Diskussion um die Notwendigkeit solcher Büchlein schon einige Male in meinem Leben, besonders zu Zeiten, in denen nicht ganz klar war, ob der Kontostand und das Monatsende harmonisch zusammen ausklingen, oder ob wieder mal mehr Monat übrig ist. Dann ist zugegeben eine Ausgabe in Moleskine-Art zu Hause schwer zu vermitteln. »Nimm irgendein anderes Notizbuch, Alex – hier, ich habe sogar noch eins, ein Werbegeschenk von der Sparkasse, ganz für umme!«, heißt es da unter

Umständen. Die Missstimmung, verursacht durch die glasklare Erkenntnis, dass mein Gegenüber recht hat, und auf der anderen Seite dem dringenden Wunsch nach dem Moleskine-Buch, versucht mein Gehirn dann auch sofort zu beheben, indem es anfängt, hanebüchene Argumente zusammenzukramen: »Aber das Moleskine-Büchlein hat so ein Bändchen als Lesezeichen!«

»Das von der Sparkasse auch.«

»Und auf dem Deckblatt ist ein Hinweis ›In case of loss‹ – da kann man reinschreiben, wo es der Finder hinschicken soll!«

Das ist spätestens der Moment, in dem mein Gegenüber anfängt, mit den Augen zu rollen. »Den Hinweis kannst du selbst schreiben! Was ist der Unterschied? Es sind leere Büchlein mit weißem Papier!«

»Das Papier von Moleskine ist elfenbeinfarben …«

… und so kann das ewig hin- und hergehen.

Marken selbst helfen natürlich, wo sie nur können, und bieten jede Menge Argumente an, mit denen wir unsere Entscheidungen begründen können – so ist ein liniertes Notizbuch von Moleskine nicht einfach ein liniertes Notizbuch, sondern »… eine zeitgenössische Ikone, ein einladender leerer Raum für Ihre eigenen Worte und Skizzen, ein Symbol kontinuierlicher Kreativität …« sowie »… Erbe und Nachfolger des legendären Notizbuchs, das von Künstlern und Denkern in den letzten zwei Jahrhunderten benutzt wurde, darunter Vincent van Gogh, Pablo Picasso, Ernest Hemingway und Bruce Chatwin«.[2] Sagt Moleskine.

---

[2] https://www.moleskine.com/de-de/die-welt-von-moleskine/unser-erbe/ (abgerufen am 20.07.2022)

Geil, oder? Da kommt man sich doch gleich wie eine zukünftige Nobelpreisträgerin vor! (Und nicht wie eine zukünftige Bausparerin.) Das ist doch allemal 20 Euro wert.

Man biegt sich also im Hinterhirn die Dinge immer irgendwie so zurecht, dass sie mit dem übereinstimmen, wie man sie gerne hätte. Und wer sich nun mal den Makel eines Fehlers nicht eingestehen will, wird immer eine Gedankenbiegung finden, wie das möglich ist. Im Fall dieser Büchlein ist die Diskussion allerdings nicht sehr emotional. Zum einen, weil sogar ich irgendwann ein Einsehen habe, und zum anderen, weil es sich dabei nur um etwas handelt, das ich haben möchte, nicht um etwas, das ich bin. Geht es nämlich um Dinge, die einen ausmachen, wird das Rudern mit der kognitiven Dissonanz etwas verzweifelter. Wollen Sie das einmal nachspüren? Das geht ganz einfach:

KOGNITIVE DISSONANZ

Wie schlimm finden Sie es, auf einer Skala von 1 bis 10, dass alle zehn Sekunden ein Kind an Hunger stirbt?

Fertig?

Gut. Und jetzt überlegen Sie, wann Sie das letzte Mal etwas dagegen getan haben.

Merken Sie es? Dieses unangenehme Gefühl, das ist kognitive Dissonanz.

Wir haben zwei Möglichkeiten, damit umzugehen:
Möglichkeit 1: Wir ändern unser Handeln, also spenden wir jetzt zum Beispiel einer Hilfsorganisation eine Summe X.

Möglichkeit 2: Wir suchen einen anderen Ausweg. Das können in diesem Fall zum Beispiel folgende Gedanken sein:

- Die Spenden fließen zum Großteil eh in die Bürokratie ...
- ... oder in die Hände korrupter Politiker im Bestimmungsland.
- Finanzielle Hilfe hindert die armen Länder daran, selbst auf die Beine zu kommen.

- Erst mal muss man ja wohl den Obdachlosen hierzulande helfen.
- Man kann nicht die ganze Welt retten.
- Und für die ganz Hartgesottenen: Ist ja nicht mein Problem, wenn die das dort nicht auf die Reihe kriegen.

Seit Social Media kommt noch die Möglichkeit 3 hinzu: Ich teile einen emotionalen Post gegen den Hunger auf der Welt.

Das ändert zwar gar nichts an der Tatsache, dass rund um den Globus Menschen zu wenig zu essen haben, aber es fühlt sich ganz gut an. Jetzt kann man natürlich über den Sinn von Entwicklungshilfe generell durchaus diskutieren (und das wird ja auch getan), aber es ist nicht im Umkehrschluss so, dass sich jemand wegen der obigen Gründe dann Gedanken darum macht, wie er dem Obdachlosen vor Ort helfen kann. Im Gegenteil, da geht es dann weiter mit:

- Wenn er wirklich wollen würde, dann hätte er Arbeit.
- Der ist faul/hat die falschen Entscheidungen getroffen.
- Der muss doch nur zum Sozialamt.
- Er hat es sich vielleicht so ausgesucht.
- Das ist eh alles eine Mafia.

Sie verstehen, was ich meine? Um das konkrete Thema geht es hier gar nicht, sondern um das Prinzip. Das Suchen von solchen Argumenten, die die eigene Welt wieder in Ordnung bringen, ist eine Möglichkeit, diese unangenehme kognitive Dissonanz zu lösen. Und wir machen das ständig! Ich will zum Abendessen Strawberry-Cheesecake-Eis von Häagen-Dazs – und ich weiß, dass Eis kein Eins-a-Abendessen ist, ergo: Mein Hirn versucht, diese Missstimmung sogleich zu lösen, und sagt so etwas wie: »Hey, es war ein langer Tag, du hast dir echt eine Belohnung verdient, ein bisschen Cheesecake-Eis hat noch keinen umgebracht. Außerdem ist Erdbeere drin, und Obst ist gesund!« Und ich kann aufatmen und den großen Löffel aus der Schublade holen. Danke, Hirn!

So geht das die ganze Zeit: Natürlich sollte niemand in der verkehrsberuhigten Zone schneller als Dingsbums fahren, und wenn das jemand tut, halten wir ihn für einen egoistischen, rücksichts- sowie verantwortungslosen Idioten. Ich hingegen hatte es gerade eilig, ich hatte praktisch keine andere Wahl! Und es war ja auch nur dieses eine Mal, und es ist eh nichts passiert.

Apropos Wahl: Da sollte man hingehen, stimmt's? Aber die eine Stimme ändert eh nichts am System, und deswegen kann man genauso gut im Bett bleiben und einen Film streamen, ohne zu zahlen, das ist zwar illegal, aber hey – es ist doch praktisch alles illegal, was Spaß macht.

Sie verstehen den Plot? Ob Sie den Becher Eis essen oder ob Sie dem Obdachlosen nun Geld geben oder nicht, spielt keine so große Rolle (außer für den Obdachlosen) – aber das Prinzip, dass unser Hirn sich irgendeine Argumentation zusammenkratzt, um zu rechtfertigen, was wir so tun und lassen den lieben langen Tag, das schon. Das Erstaunliche an diesem Prinzip und an einigen anderen merkwürdigen Mechanismen in unserem Gehirn ist, dass wir es unfassbar oft einfach nicht bemerken, wenn sie zum Einsatz kommen (nämlich ständig), und zwar bei Dingen, die wesentlich bedeutsamer sind als Kleingeldbeträge. Tatsächlich, so sagt die moderne Hirnforschung, ist unser Hirn permanent damit beschäftigt, irgendwelche Geschichten zu erfinden, die uns und anderen erklären, warum wir irgendetwas tun oder nicht tun – und macht dabei jede Menge Fehler. Also jetzt nicht nur Ihr Gehirn, sondern Gehirne generell.

Warum es diese Fehler macht und welche anderen, lustigen Fehler es noch so draufhat, können Sie herzlich gerne in meinem Buch *Glaub nicht alles, was du denkst* nachlesen, aus dem ich diese Beispiele herausgesucht habe. Da geht es ausschließlich um diese Mätzchen.[3]

Unser Gehirn legt uns also eifrig Strategien zurecht, damit wir uns im Angesicht von Fehlern nicht schlecht fühlen müssen. Wenn man sich bei so einer Strategie selbst erwischt – oder noch blöder, wenn man dabei erwischt wird –, dann kann einem das vor sich selbst und dem oder der Beteiligten ein bisschen peinlich sein. Es gibt allerdings ganze Berufssparten, in denen das überhaupt nicht peinlich und dieses Prinzip der Nicht-Schuld oberstes Gebot ist. Im Profi-Modus betreibt das die gesamte Baubranche. Also Handwerker, Architekten und Bauunternehmen. Dort

---

[3] *Glaub nicht alles, was du denkst. Wie du deine Denkfehler entlarvst und endlich freie Entscheidungen triffst*, mvg Verlag 2019

Leute, die keine Fehler haben

passieren Fehler grundsätzlich nur anderen. Ich weiß das so genau, weil wir hier seit einem Jahr auf einer Baustelle wohnen. Und ich meine nicht Fehler wie »Die Silikonfuge ist nicht perfekt geradlinig«. Ich meine Fehler wie »Irgendwer hat sich mit den Anschlüssen vertan und jetzt füllt sich der Spülkasten der Toilette leider stets mit Warmwasser ...«.

Es ist übrigens nicht so, dass mir bei der Arbeit keine Fehler passieren, ganz im Gegenteil. In (sowie vor und nach) der Arbeit passieren mir unfassbar viele Fehler. Die Baubranche aber spielt in einer Art Superlevel, da kommen normale Leute gar nicht hin! Wesentlicher Teil der Ausbildung in allen drei genannten Berufssparten ist die Schuldfrage beziehungsweise der Tanz um dieselbe. Der folgt einer einstudierten vierteiligen Reihenfolge, die in der Regel so geht:

1. Handwerker macht Quark

2. Handwerker schiebt Schuld auf Anweisung des Bauunternehmers (»Das wurde so angeordnet!«)

3. Bauunternehmer schiebt Schuld auf Architekten (»Das wurde so geplant!«)

4. Architekt schiebt Schuld auf die Wünsche des Kunden (»Das wollten Sie doch so haben!«)

Schuld bin also ich. Ich akzeptiere das so weit auch klaglos, denn ich denke ja eh immer, ich wäre an allem schuld. In diesem Sinn sind wir ein hervorragendes Team! Übrigens, jetzt, wo ich das erzähle, sehe ich direkt eine große Karriere des Kindes in der Baubranche vor mir.

Genauso beknackt, wie permanent alle Schuld von sich zu weisen, ist es natürlich, permanent alle Schuld auf sich zu nehmen. Das ist mein Team, und wir sind ein erbärmlicher Haufen – wir haben ja schon Schuldgefühle, wenn wir Besuch haben, der ein bisschen Urlaub machen will, und dann ist ausgerechnet schlechtes Wetter. »Es tut mir so leid« – als ob wir da irgendwas dafürkönnten. Ja wir sind so größenwahnsinnig, dass wir sogar annehmen, die miese Laune unseres Gegenübers hinge irgendwie damit zusammen, dass wir etwas Falsches gemacht oder gesagt haben – und nicht damit, dass unser Gegenüber seine Miesepetrigkeit einfach ungefiltert in die Welt schleudert.

Wenn Sie also irgendjemanden brauchen, der schuld ist: Ich bin da. Warum man so beknackt ist, beruht auf der eingepflanzten Annahme »Ich bin schlecht« – zumindest nicht gut genug, und ich muss mich höllisch anstrengen, damit das niemand mitbekommt, und noch höllischer, damit ich vielleicht doch irgendwann gut genug bin.

Ich sag's ja. Erbärmlich.

Fast könnte man neidisch sein auf diese Menschen, die scheinbar keine Fehler haben – oder es zumindest so vor sich zurechtbiegen, dass sie keine haben. Aber wir ahnen es schon: Es gibt natürlich im wirklichen Leben überhaupt niemanden, der keine Fehler hat oder macht, und der Versuch, sich und anderen das nicht einzugestehen, ist an sich schon ein recht schöner Fehler. Da beißt sich die Katze in den Schwanz.

Ich meine, Gott sei Dank gibt es Fehler! Stellen Sie sich mal vor, wie unfassbar langweilig es wäre, wenn niemand Fehler machen würde! Die ganzen lustigen Abende, die es nie gegeben hätte! Wir säßen alle um den Esstisch mit ein paar Bierchen und die Geschichten, die man sich erzählt, wären dann so: »Ja, und dann waren wir früh genug dran und haben den Flieger natürlich gekriegt, alle Ausweise waren noch gültig, das Hotel war echt nett und der Strand wie beschrieben, übers Ohr gehauen worden sind wir auch nicht, und das Essen haben wir eins a vertragen!« Das wäre so was von öde …

Fehler sind eben auch lustig und unterhaltsam – besonders die von anderen –, und wir fühlen uns mit anderen verbunden, wenn sie von ihren Missgeschicken und Schwächen erzählen, denn das zeigt uns: Die sind so wie wir.

Wer hingegen permanent Schwächen, Fehler und Fauxpas aller Art vertuscht, vor anderen und sogar vor sich selbst, um in einem möglichst hellen Licht zu scheinen: Das klappt nicht gut. Leute, die scheinbar keine Fehler haben, sind mit das Unsympathischste, was einem so auf der Straße begegnen kann. Es macht also gar keinen Sinn, möglichst perfekt erscheinen zu wollen, es ist wie in allen Filmen und Büchern und Geschichten: Die Herzen gewinnt immer der Anti-Held.

Alle Leute haben Fehler und Schwächen, auch wenn sie so tun, als hätten sie keine.

FEHLER, DIE NICHT WEHTUN – ZUMINDEST NICHT SEHR

Die Art und Zahl der Fehler, die man als Mensch so machen kann, geht natürlich gegen unendlich. Meine Lieblingsdisziplin ist hier der harmlose, lustige Fehler. Der Lapsus, der keinem wehtut, noch nicht mal einem selbst, und wenn, dann nur kurz. Das sind Fehler, die gerne zu Anekdoten in gesellliger Runde werden und über die man gemeinsam lachen kann – zumindest im Nachhinein. Ich habe zum Beispiel während meiner Schwangerschaft den völlig idiotischen Fehler begangen, den Rat meines lieben Freundes Josh nicht zu befolgen, der da lautete: »Alex, schau jetzt in den letzten Schwangerschaftswochen unter gar keinen Umständen den Film *Alien*.« Was dazu geführt hat, dass ich mich an den Film erinnert habe, daran, wie gut er mir gefallen hat, und ich ihn natürlich angeschaut habe.

Für alle, denen dieses Meisterwerk der Kinogeschichte unbekannt ist: In *Alien* kommen jede Menge Leute einigermaßen spektakulär zu Tode, weil sich ein fremdes, kleines Wesen in ihrem Inneren eingenistet hat und sich gewaltsam einen Weg nach außen durch die Bauchdecke seines Wirts sucht. Wobei »sucht« in diesem Zusammenhang ein bisschen zu sanft klingt. Sagen wir es, wie es ist: Es ist ein Gemetzel.

Und auch wenn es ein wirklich toller Film ist, trägt er doch dazu bei, dass man diese niedlichen kleinen Tritte im eigenen Inneren während der letzten Monate der Schwangerschaft nicht mehr ganz so unbeschwert genießen kann.

L.: »Oh, schau nur, die Beule! Das ist bestimmt ein Füßchen!«
Ich: »AAAAAHHHHHHH!!!!!«

Das kann ich heute noch erzählen, ganz ohne dass ich vor Scham vergehe. Scham ist so etwas wie der Rattenschwanz von Fehlern. Eigentlich noch schlimmer als der Fehler selbst. Wenn man also nicht von aufrichtiger Scham geplagt ist, war der Fehler nicht ganz so schlimm – zumindest nicht vor einem selbst. Ich schäme mich beispielsweise auch nicht besonders für meinen verbalen Ausrutscher am Telefon mit meinem ehemaligen Chef. Als ich noch bei einer Werbeagentur in Lohn und Brot stand, waren die Arbeitstage lang, und nicht selten hing ich auch noch abends zu Hause am Telefon oder am Computer, und völlig überarbeitet ist es mir gegenüber meinem Chef Detlef an der Strippe dann einmal rausgerutscht: Während der Verabschiedung und in Gedanken schon ganz woanders, hat mein Hirn irgendwie Detlef, den Chef, und L., meinen Liebsten, durcheinandergewürfelt, und herauskam: »Gut, also dann, bis morgen, ich liebe dich!«

Da war erst mal Ruhe am anderen Ende der Leitung, und dann stotterte Detlef, deutlich verunsichert, so etwas wie: »Ja, äh, dann bis morgen … Ich … Ich dich auch … Tschüss!«

Und auch wenn ich damals noch mit dem Hörer in der Hand zur Steinsäule erstarrt bin, war es keine große Welle der Scham, die mich überkam, sondern eher ein kleiner Anfall von Peinlichkeit. Das ist insofern bemerkenswert, da ich mich aus dem Stegreif für jeden Scheiß schämen kann. Ich habe zum Beispiel mal, und das ist kein Witz, vom Straßenrand aus einem jungen Mann zugewinkt, der auf der anderen Seite der Straße stand. Ich kannte den zwar auf den ersten Blick nicht, aber ich bin auch kurzsichtig und eitel, das heißt, ich hatte keine Brille auf, und ich erkenne generell keine Leute auf der Straße, also winke und grüße ich alles, was sich bewegt. Vorsichtshalber.

Ich dachte also, ich würde jemandem zurückwinken – tatsächlich meinte der aber eine andere Frau, die zwei Meter hinter mir stand. Das war mir so unangenehm, dass ich den Arm einfach oben gelassen habe, als würde ich einem Taxi winken. Nicht nur, dass in diesem Moment just tatsächlich ein Taxi vorbeifuhr und auch anhielt, nein, ich habe das dann auch noch durchgezogen und bin tatsächlich eingestiegen! Und weil ich mir auch noch dem Taxifahrer gegenüber blöd vorgekommen wäre, wenn ich jetzt nur um die Ecke gefahren wäre, sind wir durch die halbe Stadt zu Janas Wohnung gefahren, das war nämlich die erste Adresse, die mir spontan einfiel.

Jana: »Hi! Was bringt dich denn hierher?«

Ich: »Das glaubst du mir nie ...«

Das sind so kleine Schoten, die kann man erzählen, und während man erzählt, schüttelt man über sich selbst den Kopf (und alle anderen auch). Flüchtigkeitsfehler, könnte man sagen. Das umfasst auch harmlose Verwechslungen, zum Beispiel der Klassiker:

»Jana, das ist mein lieber Kollege Karsten!«
Karsten: »Ich heiße Klaus.«
Sowie die plötzliche Amnesie:
»Jana, das ist mein lieber Kollege ... Ähm ... mein lieber Kollege!«
Der liebe Kollege: »Ich heiße Klaus.«
Und der punktuelle Gedächtnisschwund, sobald ein prinzipiell bekanntes Gesicht in einer untypischen Umgebung auftaucht:
»Hi! Gehst du auch hier einkaufen?«
»Kenne ich Sie?«
»Ich bin's, Klaus ...«
Diese Flüchtigkeitsfehler sind nicht weiter tragisch, eventuell reagiert Klaus irgendwann etwas verschnupft, aber das kann man hinbiegen. Man verwechselt schließlich ständig Leute, das passiert allen, und deswegen ist auch niemand ernsthaft beleidigt. Vorausgesetzt, die Person, die Sie verwechseln, ist nicht eine Freundin oder Teil Ihrer Familie, Ihr Partner, zum Beispiel.
»Jana, das ist ... das ist ... na, sag nichts, ich hab's gleich ...!«
»Ich bin dein Mann, Klaus!«
Das wäre dann doch zu arg. Es gibt auch so einen Punkt in der Zeit des Kennenlernens und Verliebens, da sind Verwechslungen noch okay, aber der geht irgendwann vorbei, dann heißt es kreativ werden. In meiner Gegenwart und jüngeren Vergangenheit gibt es neuerdings einen ganz hinreißenden José. Wir kennen uns noch nicht sehr lange, aber je mehr ich ihn kennenlerne, desto mehr hoffe ich, dass er auch Teil meiner Zukunft wird (es sieht ganz gut aus so weit, danke).

Als ich besagtem José eines Abends über den Rand meines Weinglases verliebt in die Augen sehe, erinnere ich mich an diese lustige Szene, als in unserer ersten Nacht mein Kater mit großem Helau durch die offene Balkontüre ins Schlafzimmer gestürzt kam, in den Klauen einen blutenden, wild um sich schlagenden Vogel, und sich damit unter meinem Bett versteckte. Das wurde dann eine aufregende Nacht, aber eben ganz anders aufregend als geplant, nämlich zwar durchaus nackt und auf Knien, aber eben *vor* dem Bett – und mit einem Arm nach dem Kater und seinem Vogel hangelnd. »Das war echt verrückt, was!«, muss ich bei der Erinnerung lachen. »Ich habe noch tagelang Federn in allen Ecken gefunden.« Und während ich in dieser vermeintlich gemeinsamen Erinnerung schwelge, sieht mich José eine Spur zu interessiert an für jemanden, der diese Geschichte selbst erlebt hat.

Und prompt: »Meine Liebe, das klingt spannend, aber das muss mit jemand anderem gewesen sein«, sagt er und grinst mich an mit diesem Lächeln, das jemand aufsetzt, wenn er dich gerade bei etwas erwischt, mit dem Wissen, dass es dir gleich schrecklich peinlich sein wird. Und das ist es mir dann auch.

Im Gegensatz zu anderen Männern (und weiß Gott einigen Frauen), die ich kenne, reagiert der José-Mann jetzt nicht im Geringsten angestoßen, und er verfällt auch nicht in beleidigtes Schweigen, er amüsiert sich lediglich mitfühlend über meine offensichtliche Pein.

Aber mit etwas Kreativität kann ich es dann doch noch hinbiegen: »Es tut mir leid, dass es nicht du warst, mit dem ich diese Erinnerung teile, aber ich fände es wunderschön, wenn du derjenige wärst, mit dem ich alle zukünftig sterbenden Tiere unter meinem Bett hervorangle.« Ladys – welcher Mann kann da noch widerstehen? Romantischer geht es doch fast nicht mehr! Das können Sie aber halt nur bringen, wenn die Dinge noch nicht sehr weit fortgeschritten sind – nach drei Jahren Beziehung wäre die gleiche Situation komplizierter. Die meisten Schnitzer, die wir uns so erlauben, sind also mit etwas Geschick und dem Erdulden von etwas Peinlichkeit hinzukriegen und richten keinen großen Schaden an. Schwierigkeitslevel 0.

Eine Stufe darüber befinden sich die Fehler aus der Riege Level 1, und statt »Fehler« könnte man dazu auch noch »bescheuerte Ideen« sagen. Bescheuerte Ideen gedeihen besonders gut auf beschwipsten Böden, also auf Alkohol, aber auch an allen Orten, wo sich mehrere junge bis mittelalte Männer auf einem Fleck befinden. Die Kombi aus beidem ist natürlich tragisch.

In ländlichen Gefilden ist aus solchen Situationen der schöne Brauch des Maibaumstehlens entstanden, zumindest in Süddeutschland. Im Norden machen sie bestimmt etwas ähnlich Bekloppptes. Das kann ich mir genau vorstellen, wie das vor dröflhundert Jahren entstanden ist: Da sitzen eines Abends im Frühling eine Menge junger Burschen mit Bier um eine Bushaltestelle, und einer erzählt, dass der Maibaum der Nachbargemeinde bereits angekommen sei. Und der mit dem meisten Bier im Schädel sagt dann: »Ich hab eine Spitzenidee! Wir klauen nachts heimlich das Ding, und erst wenn sie uns zwei Fässer Bier geben, rücken wir den wieder raus!«

Und anstatt dass die Kumpels ihm nun mit der flachen Hand auf die Stirn klatschen und sagen: »Einen 30 Meter langen Baumstamm von einem Dorf zum anderen zu schleppen, um denen eins auszuwischen, ist das Behämmertste, was ich je gehört habe«, sagen sie so etwas wie »Genial!« und stapfen los in Richtung Hintertupfelhausen. Auch wenn Forscher vermuten, der Ursprungs dieses Brauchs habe etwas mit der Vertreibung böser Geister zu tun, die durch das Durcheinanderbringen der Ordnung verwirrt werden sollen, bin ich mir ganz sicher: Da waren nur ein paar Jungs beschwipst und unterbeschäftigt. Die Nummer mit dem Maibaum ging (und geht) meist recht harmlos aus, insofern muss man hier nicht von einem Fehler sprechen, aber sie folgt dem gleichen Grundgedanken, mit dem ganz viele Fehler anfangen, nämlich: *Scheiß drauf, ich mach das jetzt einfach ...*

Nicht immer geht das gut aus: Ulf, ein lieber Freund von L., hat sein Meisterstück beim Bund abgeliefert, das ist ja auch so eine Einrichtung, in der sich zu viele Männer auf einem Haufen langweilen. Ulf hatte Nachtwache in der Kaserne. Das heißt, er saß alleine an einem Tisch, musste wach bleiben und eventuelle Begebenheiten per Funk an die 120 Kilometer entfernte Kommandozentrale melden. Weil natürlich die ganze Nacht nichts passierte, piesackten sich die Jungs am anderen Ende des Funkgerätes und Ulf ein bisschen gegenseitig, und mehr aus Langeweile nahm Ulf irgendwann den Stapel Blätter, der neben ihm lag, und las einen der Militärcodes vor, der da stand: »Alphabeta, AR2 837« irgendetwas in der Art.

Daraufhin waren die Jungs am anderen Ende still. Dann, deutlich ernster: »Bitte wiederholen Sie!«

Und Ulf prompt: »Alphabeta, AR2 837.«

Keine Viertelstunde später hörte Ulf draußen ein gedämpftes Flap-flap-flap-flap-flap. Das waren die Kampfhubschrauber.

Ulf hatte mit seinem Code in etwa gesagt: »Feindlicher Angriff! Brauche umgehend Verstärkung aus der Luft!« Die Bundeswehr,

Fehler, die nicht wehtun – zumindest nicht sehr

wer hätte das gedacht, ist in solchen Dingen extrem humorlos und schickte sofort Verstärkung für Ulf und selbigen anschließend für sechs Monate in den Bau. Das würde er, Überraschung, heute so auch nicht mehr machen.

Scheiß drauf, ich mach das jetzt einfach ... ist verantwortlich für jede Menge unüberlegte oder nicht fertig gedachte Eingebungen – und die können gut ausgehen! War man dabei zu zweit, werden sie zu einer zauberhaften Erinnerung, von der man noch lange zehrt, während man sich dabei gegenseitig kopfschüttelnd versichert, dass das ganz schön verrückt gewesen sei. Gemeinsam nachts ins Freibad einsteigen und eine wildromantische Nacht dort verbringen, zum Beispiel. Aber wenn es nicht gut geht und man nebeneinander mit gesenkten Köpfen vor dem privaten Sicherheitsdienst-Beauftragten steht und mit ihm auf die Polizei wartet, weil man keine Ausweise dabeihat, dann mutiert das Ganze zu einer saudummen Idee. Einmal springt man zehn Stufen mit einem Sidekick und einem Tarzanschrei nach unten, landet in der Hocke, und die Lieben klatschen Beifall – und dann macht man genau das Gleiche, bricht sich dabei den Oberschenkelhals und das Knie und muss ein Jahr in Reha, und jeder fragt, was man sich bei der Nummer nur gedacht habe. Genau: *Scheiß drauf, ich mach das jetzt einfach ...* (Mir dünkt sogar, das ist die ehrliche Antwort auf diese Frage in den meisten Fällen.)

Gott sei Dank ist *Scheiß drauf, ich mach das jetzt einfach ...* meistens die Einleitung für überschaubare Katastrophen, zumindest im Erwachsenenalter. Geht es um Entscheidungen, die unser Leben verändern, fällt dieser Satz eher selten. Stellen Sie sich Folgendes mal vor:

Er: »Schatz, willst du mich heiraten?«
Sie: »Mmmmm ... Scheiß drauf, ich mach das jetzt einfach!«
Obwohl, auch das ist vermutlich schon genau so passiert.
In der Regel kommt *Scheiß drauf, ich mach das jetzt einfach* ... aber eher bei folgenden Voraussetzungen zum Einsatz:

1. Es geht um nichts Dramatisches, Lebensveränderndes.
   Kaufe ich den gelben Bikini, auch wenn ich darin vermutlich wie eine Banane aussehe?
   Steigen wir in das verlassene Haus ein?
   Soll wirklich Crème fraîche in diese Sauce?
   Nehme ich die Abkürzung, die ich kenne, oder fahre ich, wie das GPS meint?
   (Für manche fällt in diese Kategorie auch die Entscheidung, ob sie sich einen Hund oder eine Katze oder so etwas zulegen. Bedenken Sie dabei, dass es für das betreffende Wesen durchaus eine lebensverändernde Entscheidung ist, die Sie da treffen.)

2. Man meint, es geht um nichts Dramatisches, Lebensveränderndes, derweil liegt das Ausmaß der Dramatik lediglich jenseits der eigenen Vorstellungskraft.
   Wir parken jetzt einfach hier, die Wattwanderung geht gleich da drüben los.
   Ich unterschreibe jetzt einfach hier online, dann bekomme ich endlich den Kredit von dieser sympathischen Kreditbank aus dem Darknet. »*Unsere Tochter hat endlich das Licht der Welt erblickt, wir nennen sie Eva!*« *(Mareike Braun, Mutter)*

3. Eine Entscheidung ist durch sorgfältiges Nachdenken und Abwägen nicht herbeizuführen, weil alle Unbekannten so va-

Fehler, die nicht wehtun – zumindest nicht sehr

riabel und unvorhersehbar sind, man jetzt aber auch nicht von einer totalen Katastrophe ausgeht, wenn es schiefläuft.
Meine eigene Auswanderung nach Spanien funktionierte genau nach diesem Prinzip. Ob vor Ort schließlich ein Job zu bekommen ist, ob man die Sprache irgendwann beherrscht, ob man Freunde findet und nicht zu sehr die Heimat vermisst, ob man sich irgendwann zu Hause fühlt oder einem der ewige Sonnenschein auf den Keks geht ... wer weiß. Zurück kann man immer noch.

4. Nach langem Nachdenken und Abwägen ist man der Überzeugung, die richtige Entscheidung zu kennen, hat aber schlicht zu viel Schiss davor, diese auch umzusetzen.
In diesem Fall mutiert Scheiß drauf, ich mach das jetzt einfach ... *zu so einer Art Motivationsspruch. Die Finanzierung des lang gehegten Traums als selbstständige Dingsbums steht, die Auftragslage für Dingsbumse ist perfekt, man ist top aus- und weitergebildet in Dings und Bums – und trotzdem fehlt dieses kleine bisschen Mut, über den Graben zu springen. Dann kann* Scheiß drauf, ich mach das jetzt einfach ... *der sanfte Schubser sein, den man sich selbst verpasst.*

Viel zu oft ist *Scheiß drauf, ich mach das jetzt einfach ...* leider auch genau der Satz, den ich vor dem Schaufenster meines Lieblingsgeschäfts sage, vor dem Eiscafé und in der Kram-Abteilung von IKEA (die digitale Option noch gar nicht mitgerechnet). Insofern dient allein mein Kontoauszug als Dokumentation fragwürdiger Entscheidungen. Oder wie es jemand auf Twitter einmal so schön auf den Punkt brachte:
  Therapeut: »Und was sagen wir, wenn wir traurig sind?«

Ich: »Zum Warenkorb hinzufügen.«
Therapeut: »NEIN!«[4]

Diese leichten bis mittelprächtigen Fehler werden gern zu Anekdoten in geselliger Runde, sie machen einem nicht das Leben schwer. Es gibt allerdings eine andere Liga Fehler, da fragt man sich schon: Warum mache ich das immer wieder …?

Das nächste Level sind Fehler, die man IMMER WIEDER macht. Wegen doof oder auch mit voller Absicht.

> *Fehler sind lustig, wenn auch manchmal erst nach einem gewissen, zeitlichen Abstand.*

---

[4] https://twitter.com/matz_peter/status/1477403351654576134

SCHON WIEDER? DAS DARF DOCH NICHT WAHR SEIN!

BiFi Roll! Ich glaube, das steht als Synonym im Lexikon bei »Kleiner Fehler, den man immer wieder macht«, oder? Der kleine Fehler zwischendurch? Er wiederholt sich etwa in halbjährlichen Abständen, da kommt man mit Hunger an die Tankstelle und denkt sich: *Keine BiFi Roll kaufen, keine BiFi Roll kaufen,* und kurz darauf im Auto dann so: *Bisschen trocken, diese BiFi Roll.*

Es gibt noch andere Klassiker, da kann ich jedes Mal aufs Neue nicht glauben, dass ich das wirklich immer noch mache – immer wieder! Wenn ich zum Beispiel nachts wach werde und eigentlich kurz aufs Klo müsste, aber dann ist die Toilette so weit weg, und ich bin so müde und ich will nicht aufstehen, dann liege ich gefühlte STUNDEN wach im Bett und schlafe weder ein, noch gehe ich einfach schnell aufs Klo. Das ist so behämmert, dass ich es nicht fassen kann! Aber diese kleine Überwindung, die ist nachts im Bett anscheinend einfach nicht zu stemmen. Oder der morgendliche Tanz mit dem Wecker! Dieses elende Gezerre zwischen *noch fünf Minuten* und *Mist, schon wieder zu spät,* obwohl

Schon wieder? Das darf doch nicht wahr sein!

man weiß, dass es viel besser wäre, jetzt einfach aufzustehen, statt die Leidenszeit noch weiter hinauszuzögern. Ich kann es immer gar nicht fassen, wenn ich diese Artikel und Buchtitel lese von erfolgreichen Menschen, deren Geheimnis es ist, dass sie um 5 Uhr in der Früh aufstehen. Was seid ihr, eine andere Spezies?

Mit der BiFi Roll und dem Wecker-Tanz habe ich mich abgefunden, sie scheinen fester Bestandteil meiner Werkseinstellung zu sein (und irgendwann schreibe ich ein Buch darüber, wie wahnsinnig erfolgreich ich wurde, weil ich mich um 10 Uhr noch mal gemütlich rumgedreht habe). Diese Dinge werden mich ein Leben lang begleiten, sollen sie doch.

Andere Leute haben andere Begleiter, meine Freundin Petra, die sich im richtigen Leben immens gut unter Kontrolle hat und die nie etwas Unüberlegtes tut, sondern stets mit Besonnenheit glänzt, die kauft seit Jahren, nein, seit Jahrzehnten inzwischen, stets das gleiche Kleidungsstück, nämlich eine luftige weiße Bluse. Also, sie besitzt selbstverständlich noch andere Kleidungsstücke, sogar einen ganzen Schrank voll, aber immer, wenn sie durch einen Laden streift und es dort eine luftige weiße Bluse gibt, dann steht sie früher oder später davor. *Schön*, denkt sie sich dann, und: *Die kann man immer brauchen!* »Schon, mein Herz, aber vielleicht nicht alle«, findet ihr Mann, der völlig erfolglos versucht, dieser eigenartigen Sucht seiner Liebsten entgegenzuwirken.

Petra steht damit aber nicht allein da: Der gute L. hat eine beeindruckende Sammlung an Übergangsjacken vorzuweisen – keine Ahnung, was das für ein Fetisch ist, aber es scheint mit dem Blusen-Ding verwandt zu sein. Ich verstehe generell das Konzept Übergangsjacke nicht ganz – ich meine, es ist doch so klar:

Schon wieder? Das darf doch nicht wahr sein!

Zu kalt ⇨ Jacke!   Nicht zu kalt ⇨ Keine Jacke!

L. liebt Übergangsjacken. Ich glaube, er fühlt sich damit auf alles vorbereitet. Es hat 29 Grad im Schatten, und wir sind zum Grillen bei Bekannten – L. hat vorsichtshalber eine Übergangsjacke mit! Wenn man in dieser Situation für einen Wetterumschwung gerüstet ist, dann vermutlich auch für alles andere. Da L. aber auch der Mann ohne Fehler ist (wir sprachen zu Beginn davon), hat er natürlich nicht zu viele Übergangsjacken, sondern exakt so viele, wie man eben so braucht.

Anscheinend gibt es Verhaltensweisen, da will sich einfach kein Lerneffekt einstellen, auf Teufel komm raus nicht, auch nach dem hundertsten Mal nicht. Irgendeine Schaltung im Hirn funktioniert da nicht. Deswegen renne ich auch immer wieder in irgendwelche Boutique-Restaurants oder Szeneläden, die gerade megaangesagt sind. Dabei sind das immer, immer, immer die gleichen zwei Szenarien, die sich dort wiederholen, und keins davon finde ich toll:

- Szenario 1: Das Raumschiff
  Es ist dunkel wegen der dezenten indirekten Beleuchtung, Wände, Decken und alles Mobiliar ist entweder schwarz oder grau, und wo kein Schwarz ist, ist Stein oder Stahl. Klare Linien und eine offene Küche, die aussieht wie die Brücke eines Raumschiffs. Eventuell hängt eine geometrische Figur als Kunst von der Decke. Keine Musik, es ist maximal ungemütlich, und gelacht hat hier noch nie jemand, schließlich geht es hier um hohe Kunst. Die Kunst kommt dann in zwölf Gängen auf unhandlichen Porzellanwürfeln und besteht aus – man weiß es

nicht, deswegen bekommt man es bei jedem Gang erklärt. Das hört sich dann so an: »Handgeschröpftes Miesmunkeltatar auf einem Schaum aus Nöften, begleitet von einem Tateng der Brommelmaule. Wir empfehlen, den Tateng vor der Verkostung über die Brommelmaule zu geben. Einen guten Appetit.« Man weiß dann zwar immer noch nicht, was man da isst, lächelt aber freundlich und versucht, sich zu merken, was Maule und was Tateng war, um zu tun wie geheißen. Es wird sich maximal in leisem Ton ernsthaft unterhalten, und auch das ist nicht unkompliziert, weil alle schisslang ein neuer, reizender Kellner mit einem neuen Tateng, einer Brommel oder einem neuen Besteck auftaucht, oder auch einfach nur so, um zu fragen, ob denn alles passe und man noch irgendeinen Wunsch habe. *Einen? Mir fallen auf den Schlag drei ein, und einer davon ist Pizza*, denke ich und kann es nicht fassen, dass ich SCHON WIEDER in so einem Schuppen gelandet bin. Einfach, weil X und Y gesagt haben, da müsse man UNBEDINGT mal hin und es sei eine ganz neue Erfahrung.

- Szenario 2: Der Pinterest-Palast
  Typischerweise gibt es den Laden noch nicht lange, aber in allen Stadtmagazinen ist Werbung dafür, und die Fotos sehen toll aus, und Dings und Bums waren schon dort und tönen unentwegt: »… es ist ganz toll, da muss man UNBEDINGT hin!« Das Gute: Es gibt eine Karte und auf der stehen Gerichte, die man versteht, man erkennt das Essen, das auf dem Teller liegt, und es ist lange nicht so teuer wie das Raumschiff, denn hier wurde das Budget nicht in den Koch, sondern in den Innenarchitek-

Schon wieder? Das darf doch nicht wahr sein!

ten investiert, der sich jetzt »Interior Designer« nennt. Der hat alles, was die Pinterest-Suchanfrage zu *Restaurant, Design, Interior* so ausspuckt, dort untergebracht, und das ist immer irgendwas mit Bambusholz, Grünpflanzen und samtbezogenen Stühlen. Die Bedienungen sind reizend und in passende schicke Schürzen gekleidet und tun sich noch etwas schwer mit dieser verdammten Bestell-App, weswegen sie relativ lange am Tisch stehen bleiben, während man in das Gesicht lächelt, das angestrengt auf das Handy mit der Bestell-App starrt, weil einfach weiterunterhalten wäre irgendwie unhöflich. Das nicht so Gute an den Pinterest-Palästen: das Essen.

Aus beiden Lokalitäten gehe ich mit der Erkenntnis: *Es ist schon wieder passiert.* Und eventuell mit dem Gedanken: *Wir hätten uns auch einfach zu Hause gemütlich auf dem Sofa was beim Chinesen bestellen können.*

AAAAHHHHHHHH ... und das ist schon der nächste Fehler, der immer wiederholt wird, zumindest bei mir zu Hause: Man vergleiche nur die Vorstellung davon, wie herrlich es ist, ein wunderbares chinesisches Essen ans Sofa geliefert zu bekommen – und dann kommt dieses labbrige Zeug in den aufgeweichten Kartons zu spät und mäßig warm an – das eine hat mit dem anderen überhaupt nichts zu tun. Und trotzdem mache ich das immer wieder!

Ich kaufe auch immer wieder irgendeine Klamotte im Internet ein, AUCH WENN MIR NOCH NIE AUCH NUR EINE GEPASST HÄTTE! »Aber das sieht so super aus!«, sagt eine innere Stimme, die ich schon kenne. »Ja, weil das ein Model mit drei

Schon wieder? Das darf doch nicht wahr sein!

Meter langen Beinen anhat«, kontert meine Vernunft. »Aber vielleicht sieht es an mir auch super aus«, legt die Stimme nach. »Wohl eher nicht«, hält die Vernunft dagegen. »Aber es IST möglich!«, schickt die Stimme hinterher.

Vernunft: gibt auf.

Ich habe schon Sachen bestellt, die haben mir nicht mal besonders gefallen, ich wollte nur die Beine haben!

Und ich sehe mir immer noch Filme an, von denen mir Jana vorschwärmt, sie wären total toll, und den MUSS ich gesehen haben, obwohl sie bis jetzt noch jedes Mal falschlag und IMMER Ben Stiller darin vorkommt.

Was mich beruhigt, ist, dass alle anderen auch solche Macken haben, anscheinend gehören die dazu, zu unserer Serienausstattung. Und sie sind immer noch harmloser als so einige andere Macken, die dort draußen herumlaufen. In der Agentur arbeitete einer, der musste zwanghaft in angespannten Situationen blöde Witze machen – und der war der Personalchef! DAS war eine blöde Macke, da nehme ich doch den Chinesenmampf auf die leichte Schulter.

Das sind kleine Fehler, weil wir wider besseres Wissen eine Vorstellung von etwas sehr schön finden, sogar wenn schon von vornherein ziemlich klar ist, dass sie mit der Realität vermutlich nicht viel gemein hat. Aber es IST möglich – und das ist ein bisschen wie Lotterie spielen: Man weiß ja, dass man allerhöchstwahrscheinlich nichts gewinnen wird – aber es IST möglich!

Und dann gibt es Fehler, die macht man immer wieder, und zwar mit voller Absicht. Selber-Schuld-Fehler sozusagen. Arschbomben-Fehler. Bei mir ist das: Wenn ich glaube, was ich gesagt bekomme. Das ist einer der Fehler, die mich am hartnäckigsten verfolgen.

Schon wieder? Das darf doch nicht wahr sein!

Schon als Kind war es mir völlig unvorstellbar, dass mir jemand etwas sagen könnte, das nicht stimmt! Absichtlich! Mein Vater hat mich jeden Sonntag zum Spaziergang in den Park überredet, einfach indem er behauptet hat, dort lebe eine Bärenmutter mit ihrem Kind, und wenn wir genau nachsehen und etwas Glück haben würden ... Wir hatten aber kein Glück. Kein einziges Mal. Als Kind wird man zugegeben ziemlich viel angelogen, ich merke das jetzt wieder, weil ich mein Kind auch permanent anlüge. »Nein, heute haben die Eisläden leider geschlossen«, heißt es da an einem Donnerstag, oder: »Die Schule BESTEHT auf Gummistiefeln, wenn es regnet«, solche Dinge. Ich weiß, ich bin damit nicht allein, findige Leute haben daraus ein ganzes Buch gemacht mit dem lustigen Titel: *Schnall dich an, sonst stirbt ein Einhorn!*[5]

Frei nach diesem Motto bringen auch die Nachbarn von unten ihre beiden Kinder dazu, die Filme anzusehen, die sie selbst gut finden: »Wir haben ihnen gesagt, es gibt eine Liste vom Jugendamt mit Filmen, die Kinder ›abarbeiten‹ müssen«, gesteht mir die Mutter, die keinen Bock auf *Sonic* hat, aber *Die Reise ins Labyrinth* mit David Bowie total toll findet.

Eventuell ist das schon ein ziemlich dickes Ei, aber erzähle mir niemand, er oder sie lüge nicht hin und wieder seine Kinder an – einfach weil man nicht bei jedem »Warum?« das ganz große Flipchart rausholen will. Und wen das erzürnt: Denken Sie mal an die Nummer mit dem Weihnachtsmann und dem Osterhasen – auch nicht ganz lupenrein, die Storys.

---

5   Johannes Hayers, Felix Achterwinter, Wolfgang Staisch, *Schnall dich an, sonst stirbt ein Einhorn! 100 nicht ganz legale Erziehungstricks*, Rowohlt, 2014

Schon wieder? Das darf doch nicht wahr sein!

Kinder wollen diese Geschichten aber trotzdem gerne glauben und wundersamerweise hat diese kindliche Neigung, Erzählungen erst mal Glauben zu schenken, bei mir keinerlei Entwicklung hingelegt. Ich glaube im ersten Moment alles – ein Umstand, der mich in mehrere Bredouillen gebracht, aber auch sehr viele Verkäufer sehr glücklich gemacht hat. Um dieser etwas behämmerten Schwäche entgegenzuwirken, habe ich mir irgendwann die Regel auferlegt, nichts zu unterschreiben oder zu kaufen, ohne nicht einmal darüber geschlafen zu haben – das siebt schon mal den größten Mist ab. Ausgenommen sind Artikel des täglichen Bedarfs und alles im ein- bis zweistelligen Eurobereich. Aber der Teufel lauert überall. Sie suchen noch jemanden, der mit einsteigt in Ihre Geschäftsidee *Modeschmuck für Hunde und Katzen?* Bringen Sie es einigermaßen euphorisch rüber, und ich bin dabei. Sie wollen eine Bar aufmachen, in der es nur orangefarbene Getränke gibt? Ich wedle die Pompons für Sie.

Und wenn Sie mir erzählen, dass wir mit diesem garantiert sicheren System hundertprozentig beim Roulette ganz groß abräumen – also wenn Sie damit bei irgendjemandem durchkommen, dann bei mir. Selbst wenn ich etwas *weiß*, also zum Beispiel wann der Baubeginn der Sagrada Família in Barcelona war (1882) – ich weiß das, weil das mal die Geheimnummer meiner Kreditkarte war (WAR!) –, wenn Sie dann kommen mit: »Naaah, Quatsch, Gaudí ist ja erst im Jahr Dingsbums geboren, das geht sich nicht aus, ich habe da gerade erst vor Kurzem eine Doku gesehen!« – dann zweifle ich binnen kürzester Zeit nicht an Ihrer Erinnerung, sondern an der meinen, so sehr bin ich geneigt, anderen zu glauben. Bescheuert.

Schon wieder? Das darf doch nicht wahr sein!

Warum das so ist? Keine Ahnung. Ich glaube einfach jeden Scheiß – wie gesagt, wenn auf der Packung der Gesichtscreme steht: »Macht jung und schön« – wir sprachen davon. Aber seit der Nachtdrüber-schlafen-Regel sind größere Katastrophen ausgeblieben und mit einem permanent überfüllten Badezimmerregal kann ich leben.

Das ist aber nur der finanzielle Aspekt dieser Schwäche. Ich glaube leider auch alle anderen Dinge, zum Beispiel wenn jemand sagt: »Ich bin nicht sauer.« Oder: »Ich möchte keinen Kuchen mehr.« Oder den Handwerkern: »Wir kommen dann nächste Woche vorbei.« Während Jana eine Person ist, die grundsätzlich erst mal skeptisch ist, gehe ich davon aus, dass alle Leute die Wahrheit sagen. Ich wäre so ein mieser Cop …

»Wirklich, Frau Kommissar, keine Ahnung wie die Leiche in meinen Kofferraum kommt!«

»Na dann, fahren Sie weiter!«

Ich danke heute noch dem Schicksal, dass es mich während meiner ganzen Zeit, seit es Sex in meinem Leben gibt, nie in diese Situation gebracht hat, in der mir ein Mann versichern wollte: »Keine Sorge, ich pass auf!«, oder: »Doch, doch, ich hatte eine Vasektomie, ganz sicher!« Ich weiß genau, was passiert wäre: »Na dann!«

Obwohl ich um diese Schwäche weiß, bin ich immer wieder völlig vor den Kopf gestoßen, wenn Aussage und Aktion von meinen lieben Mitmenschen nicht zueinanderpassen: »Ich versichere Ihnen, das ist ein super Auto. Die Klimaanlage repariere ich Ihnen, das ist gar kein Problem. Hier, unterschreiben Sie!«

»Und dann hat er das Scheißding nie repariert!«, rege ich mich zu Hause auf, während Jana nur eine Augenbraue hochzieht: »Natürlich nicht.«

»Wie, ›natürlich nicht‹? Er hat es doch versprochen!«, zetere ich weiter, aber sie bleibt unbeeindruckt. »Und du hast das geglaubt ...« »Ja natürlich!«, nicke ich, und da lächelt sie mich an. »Weil, versprochen ist versprochen und wird auch nicht gebrochen, hm?«

Es ist mir wieder passiert. Es passiert mir immer wieder. Ich glaube alles, und ich nehme das Gesagte wörtlich. Zum Beispiel wenn ich spät dran bin mit dem Manuskript für ein Buch, mit der Lektorin telefoniere, und die sagt dann fatalerweise: »Mach dir keine Sorgen!«

Was vielleicht nur eine nett gemeinte Floskel ist, hat zur Folge, dass ich sofort den Stift fallen lasse und mir tatsächlich keine Sorgen mache. Dabei müsste ich mir wirklich unbedingt Sorgen machen!

Es gibt Aussagen, die glaube ich nur beim ersten Mal – so wie beim Zahnarzt, der versichert, es würde jetzt höchstens ein bisschen ziehen. Da brennt sich die Erfahrung schmerzlich bis in mein Hinterhirn ein. Andere Aussagen nehme ich trotz Schmerzen immer wieder für bare Münze, zum Beispiel »Ich werde immer für dich da sein« oder »Da war nichts mit Susanne« oder das kleine »für immer«. Kein Lernprozess in dieser Richtung. Auch wenn mir das noch hundertmal passiert und in einem Drama endet, er dann mit Susanne zusammen ist und »für immer« doch nur ein Jahr dauert.

Vielleicht wäre es gescheiter, diesen Fehler nicht mehr zu machen – wenn das Herz frisch gebrochen ist, ist man ja sogar davon überzeugt, dass es absolut unmöglich ist, diesen Fehler noch mal zu machen –, einfach weil man sich nie mehr so verlieben wird. Und das denkt man mit 16, mit 19, mit 25, 34 und 42 und so weiter. Zu unserem großen Glück ist es aber doch möglich, immer wieder, und

Schon wieder? Das darf doch nicht wahr sein!

auch wenn einem der Arsch auf Grundeis geht, weil man schon weiß, wie es sich anfühlt, wenn es endet: Wer hoch fliegen will, muss bereit sein, tief zu fallen, das eine ohne das andere gibt es nicht.

Es wäre auch gescheiter, wenn wir an Arbeitstagen die Damenrunde nicht zu spät werden lassen – es gibt ja so Abende, die haben eine Art von Magie, die sich weder vorhersagen noch herbeiführen lässt. Es ist lustiger als sonst und herzlicher, die Worte fliegen hin und her, der Kellner ist netter und der Mojito schmeckt irgendwie besser – und niemand will nach Hause gehen. Am nächsten Tag, wenn der Wecker klingelt und auch den ganzen Rest des Tages bereut man diesen Abend bitter – man kann fast selbst nicht glauben, dass man mit den Damen und einer Abi-Abschlussklasse noch tatsächlich an diesem Kiosk versackt ist, Jägermeister inklusive. Aber auch wenn nach solchen Nächten ein kompletter Tag im Eimer ist und man sich den Kopf hält und sich fragt, wie bescheuert man eigentlich ist – bei dem Gedanken an die Nacht und wie sich das angefühlt hat, muss man innerlich ein bisschen grinsen – das ist es allemal wert. Manchmal ist man sogar voller Vorfreude auf einen Fehler, wenn man weiß, dass man früh ins Bett gehen sollte, um ausgeschlafen aufzustehen, weil man wirklich viel Arbeit vor sich hat – und just an diesem Abend dieser wunderbare José-Mann von seiner Reise zurückkommt. Da kann man kurz daran denken, dass ein Treffen bedeutet, man würde unter keinen Umständen ausreichend schlafen, wie anstrengend es sein wird, übernächtigt den ganzen Tag arbeiten zu müssen, dass man sich ja auch zwei Tage später treffen kann – und dann klatscht man in die Hände, wischt all diese Gedanken beiseite und weiß: Man wird aber so was von einem grandiosen Fehler machen! Und geht sich was Hübsches anziehen …

Schon wieder? Das darf doch nicht wahr sein!

Auch Janas Argentinier, der ihr sofort einfällt, als wir über Fehler sprechen, war so ein Fehler mit Anlauf: Der Argentinier war nur für ein Jahr beruflich im Lande, und es war immer klar, dass er nach Ablauf dieses Jahres wieder dorthin verschwinden würde, wo er hergekommen war. Als Jana und er aufeinanderprallten, blieben ihm noch sechs Monate, und als Jana merkte, dass aus der prickelnden Affäre mehr wurde und sie dabei war, sich Hals über Kopf zu verlieben, stand sie vor der Wahl: Das Ganze möglichst schnell zu beenden, um den Liebeskummer in Grenzen zu halten – oder eben nicht. »Scheiß drauf, ich mach das jetzt einfach«, beschloss Jana und verbrachte die verbleibende Zeit mit ihrem Argentinier im siebten Himmel. War der Schmerz danach groß? Er war riesig. Aber um nichts in der Welt würde sie diese Monate streichen wollen.

Es gibt also Fehler, die wir immer wieder machen, und sogar solche, die wir immer wieder mit voller Absicht machen – und das sind vielleicht die besten. Daher:

Immer wieder vertrauen.
Immer wieder daran glauben.
Immer wieder feiern und lieben und aufs Ganze gehen,
auch wenn es wehtut, im Herzen oder am nächsten Morgen.

Fehler können einem das Leben versüßen, wenn man sie denn begeht.

GROSSE GEFÜHLE VERLEITEN ZU GENAUSO GROSSEN FEHLERN

Fehler, die man macht, weil man gerade wütend ist

Ganz blöd, oder? Vor allem weil einem, während man herumwütet, vollkommen klar ist, dass man sich hierfür demnächst entschuldigen werden muss – und wird. Ich weiß auch nicht, warum einem das nicht schon direkt in der Schule beigebracht wird und man das in bitteren Lektionen über Jahre hinweg selbst lernen muss: Jede Nachricht, die man in aufgewühltem Zustand verfasst, muss unbedingt eine Nacht lang ruhen, bevor man sie sich noch mal zur Brust nimmt. Einfach nur, um sicherzugehen, dass die Anrede in der Mail an die Chefin wirklich »Sie inkompetente, blöde Gans« lauten soll. Wenn Sie dann, nach einmal drüber schlafen, immer noch zufrieden nicken und sagen: »Jepp, genau so ist das perfekt!« – dann soll es wohl so sein, und wir verbuchen das nicht als Fehler, sondern feiern es als Befreiungsschlag.

Große Gefühle verleiten zu genauso großen Fehlern

Wenn nämlich zwischen der Wut und Ihrer Aktion, welcher auch immer, keine Nacht liegt, kommt eventuell etwas Unschönes dabei heraus, das Sie im Nachhinein bereuen. Eine Kündigung beispielsweise, eine Scheidung oder eine dämliche Kurzschlusshandlung. Ich habe mal einem völlig unbeteiligten Ficus in der Wohnung meines Ex alle Blätter ausgerissen. Das war zwar immer noch besser als dem Ex die Haare auszureißen, aber im Nachhinein auch völlig gaga. Und damit ich das auch nicht vergesse, stand das Gerippe der erbärmlichen Topfpflanze dann als kahles Mahnmal weiterhin prominent im Wohnzimmer. Wenn von da an die eine oder andere Emotion überzukochen drohte, musste mein Ex nur ein bisschen mit den Augenbrauen zucken und den Blick auf die Ficus-Leiche lenken – das wirkte wie eine kalte Dusche. Deswegen war die Wut zwar nicht plötzlich weg, aber es erhöhte die Wahrscheinlichkeit, sie auf eine erwachsenere Art zu äußern – also erwachsener zumindest, als eine Zimmerpflanze zu entlauben. Es heißt, auch das allseits beliebte Türenknallen wäre eine nicht erwachsene Ausdrucksform der Wut, was vielleicht sein mag, aber was gibt es bitte Befriedigenderes als eine Schimpftirade vom Stapel zu lassen und das Ganze mit einem lauten PENG! abzurunden? Ach so: Schimpftiraden sind auch nicht okay. Wer mit einem extra Spritzer Temperament ausgestattet ist, steht da schnell vor einer Herausforderung.

Weil man unter dem Einfluss von Wut so rasend geneigt ist, dumme Dinge zu tun, die einem später leidtun, habe ich hier eine ganz einfache Regel dafür, WAS MAN TUN SOLLTE, WENN MAN WAHNSINNIG WÜTEND IST: nichts. Gehen Sie spazieren. Ein Spaziergang oder eine Nacht drüber schlafen trennen wutmäßig

Große Gefühle verleiten zu genauso großen Fehlern

die Spreu vom Weizen. Es ist schließlich gut nachzuvollziehen, dass wir wütend werden, wenn die Chefin einen vor Kollegen anschnauzt, der Vermieter nichts gegen den Schimmel in der Wohnung tut oder man am Freitagnachmittag einen Haufen Arbeit vorgesetzt bekommt. Da kann man schon mal sauer werden, und das ist ja auch ganz gesund so – freuen Sie sich, dass Sie wütend sind, es ist ein Zeichen, dass Sie gut auf sich aufpassen und gut funktionieren. Die Wut kommt dann aus empfundener Ungerechtigkeit und Grenzüberschreitung – es wird Ihnen Unrecht getan, und da heißt es dagegen aufstehen. Schließlich beobachtet Ihr eigenes Selbst Sie die ganze Zeit: Wie behandeln Sie es? Sind Sie liebevoll zu sich? Nachsichtig? Nehmen Sie sich in Schutz? Oder beschimpfen Sie sich permanent selbst als einen Trottel und lassen zu viel über sich ergehen, obwohl es Sie stört? Wie wir uns behandeln, daraus formt sich das Selbstbild, das wir haben – wenn Sie sich immer zurücknehmen und hintanstellen und sich Ungerechtigkeiten zufügen lassen: Was soll Ihr Selbst denn da schon groß von sich halten?

Die Wut lässt uns auf- und für uns einstehen. Für alle, die ein bisschen zu sehr verinnerlicht haben, bloß nicht zu viele Ansprüche zu stellen und ja nicht aggressiv aufzutreten und immer nett zu sein, für die kann Wut eine wunderbare Hilfe sein! Wut schaltet im Hirn das Mitgefühl für andere aus beziehungsweise einen Gang runter und hebt uns selbst in den Vordergrund – das ist für manche eine ganz seltene Erfahrung! Hooray!

Meine Kollegin in der Werbeagentur, die gute Drösel, hat das mal eindrucksvoll exerziert, nachdem sie deutlich zu lange zugesehen hat, wie die Jungs aus der Nachbarabteilung konsequent die Drösel-Ideen (und meine) als ihre eigenen ausgegeben haben. Zu deren

Verteidigung sei gesagt, dass das auch deswegen passierte, weil die Nachbarabteilung diejenige war, die erarbeitete Ideen und Konzepte präsentierte. Sie vergaßen nur immer irgendwie zu erwähnen, von wem diese stammten. Während also die Jungs der Nachbarabteilung im Konferenzraum in ihren hippen Slippern darüber referierten, wie genial die Marketingstrategie, die sie gerade vorstellen, sei und was sie sich dabei gedacht hätten, sah ich, wie sich die Gesichtsfarbe der Drösel langsam, aber deutlich veränderte.

Die Drösel und ich standen normalerweise bei solchen Präsentationen an der Hinterseite des Raums an die Wand gelehnt und warteten, bis es vorbei war und wir wieder arbeiten gehen konnten. Weil wir die vorgestellten Ideen schon kannten, weil sie zum Teil von uns waren, war das eine eher einschläfernde Veranstaltung, und wenn es nach mir gegangen wäre, hätte es das Feedback dazu einfach danach per Mail gegeben. Wenigstens gab es Kaffee und diese niedlichen kleinen Schokoriegel.

Diesmal aber versprach die Gesichtsfarbe der Drösel etwas Schwung in die Veranstaltung zu bringen. Kurz bevor der dröselsche Vulkan zum Ausbruch kam, drehte sie sich kurz zu mir und sah mich mit einem derart empörten Blick an, dass ich mich glatt an meinem Mars-Riegel verschluckte. »Das machen die immer!«, presste sie hervor, »immer tun die so, als wären unsere Ideen auf deren Mist gewachsen! Und der Chef glaubt das natürlich, das ist so ungerecht! Diese ... Arschgeigen!«

Einen Moment starrte sie mir noch in die Augen, vermutlich um eine Bestätigung zu bekommen, aber ich hatte leider noch das Mars quer sitzen und brachte nichts heraus. Und dann rief sie wie eine fauchende Katze von unserem Platz nach vorne:

Große Gefühle verleiten zu genauso großen Fehlern

»EY! DAS WAR UNSERE IDEE, WIR HATTEN DIE! HABT IHR DAS ZUFÄLLIG VERGESSEN?«

Jetzt muss man wissen, dass die Drösel normalerweise eher Mäuschen als fauchende Katze ist – ruhig, mit einem leicht unsicheren Lächeln auf den Lippen, und entweder zieht sie die Schultern immer ein bisschen nach oben oder sie duckt den Kopf nach unten, auf jeden Fall macht sie sich eher kleiner als größer – und das Wort »Arschgeige« ist normalerweise nicht Bestandteil ihres aktiven Wortschatzes. Zu einem anderen Zeitpunkt wäre sie in der Stille, die daraufhin eintrat, und im Angesicht der vielen Köpfe, die sich zu uns umdrehten, vermutlich im Erdboden versunken, aber die Wut zauberte ihr einen ganz wunderbaren »Ist was?«-Ausdruck ins Gesicht und ließ sie so aufrecht stehen wie noch nie.

Und das Schönste war: Es funktionierte! Nach einem Augenblick verdutzten Schweigens räusperten sich die jungen Herren und traten in ihren Slippern von einem Fuß auf den anderen. »Das ... also selbstverständlich, das soll natürlich nicht unerwähnt bleiben, ähm, also das vorgestellte Konzept basiert auf Anregungen der Kollegin Drösel ...«

Und dann legte sie gleich noch mal nach: »NIX ANREGUNGEN, DAS GANZE DING IST VON UNS, UND ZWAR VON A BIS Z!«

Zum Glück ist ihr nicht zwischendurch die Wut ausgegangen, sonst wären wir dagestanden wie zwei Erbsen zählende Nervensägen, aber so waren die Sympathien ganz auf unserer Seite. Die Präsentation war dann auch recht schnell beendet, und zurück in unserem kleinen Büro, sah mich die Drösel erschrocken an und legte ihre Hände an die Wangen: »Oh Gott, das hab ich gerade nicht wirklich gesagt, oder? Wie peinlich, alle müssen denken, ich bin eine hysterische Kuh!«

In echt dachte natürlich niemand, dass die Drösel eine hysterische Kuh wäre, sondern eher so etwas wie: »Hihi, haben die Slipper-Jungs blöde geguckt!« Das weiß ich zufällig genau, weil wir in der Kaffeeküche mit Schulterklopfen und genau diesem Satz begrüßt wurden.

Fehler, die man aus Wut macht, können also hilfreich sein, und zwar immer dann, wenn mal wo dringend auf den Tisch gehauen werden muss. Wut macht, dass man Dinge sagt, für die man sonst nicht den Mut hätte.

Klar, im Idealfall fängt man diese Wut schon vorher ab, denn wenn sie sich ungehindert Bahn bricht, lauert der Fehler auch schon hinter der Ecke. Besser, man äußert in einem persönlichen Gespräch freundlich sein Unbehagen, aber wenn einem das nach Drösel-Manier ungemein schwerfällt, dann kann man sich diesen Trick durchaus erlauben. Es ist auch ganz leicht festzustellen, ob man die Wut gerade benutzt, um endlich mal etwas zu sagen, das schon lange auf dem Herzen liegt – oder ob man sich mitsamt der Wut auf einen Holzweg vergaloppiert hat. Im ersten Fall verspürt man nämlich, so wie die Drösel nach ihrem Auftritt, zwar so eine leichte Peinlichkeit, aber da schwingt eher das mit: »Ich kann nicht glauben, dass ich das jetzt wirklich (endlich mal) gemacht/gesagt habe!«, und da ist ein kleines bisschen Stolz dabei. Das ist gute Wut. Lassen Sie sich da nichts von den Good-vibes-only-Herrschaften einreden, Ihre Wut hat ja einen Grund, und ich wette, jede Menge, und Magengeschwüre und Ticks kommen von gerechtfertigter, angestauter Wut, die krampfhaft weggelächelt wird.

Große Gefühle verleiten zu genauso großen Fehlern

Sind Sie hingegen auf die dunkle Seite der Wut gewechselt, merken Sie das ganz schnell, denn dann tun Sie irgendjemandem weh. Und für diese Ausrutscher schämt man sich dann wirklich – im Sinne von »Ich will nicht, dass wer mitbekommt, wie ich mich gerade verhalten habe, am liebsten nicht mal ich selbst«. Diese Ausrutscher erzählt man auch nicht gern, im Gegensatz zu den anderen. Ich erzähle zum Beispiel überhaupt nicht gern, wie ich den Rosenverkäufer in meinem Lieblingsrestaurant angefahren habe, aber bitte, wir sind ja unter uns:

Er kam an unseren Tisch, während ich mit diesem hinreißenden José bei Kerzenlicht über einem Teller Pasta saß, und gerade als es unfassbar romantisch wurde und sich unsere Köpfe näherkamen, schon mit diesem Blick auf den Mund des anderen, war er da: »Rosäään?« Und zack!, prangte da eine Hand mitsamt Rose zwischen unseren Gesichtern.

»HIMMELARSCHUNDZWIRN!«, rutschte es mir dann auch prompt heraus, und noch beim Umdrehen zu dem Verkäufer suchte sich eine kleine, aber gehässige Schimpftirade ihren Weg aus meinem Mund. Ob er nicht sehe, dass er einen intimen Moment störe, und was mit ihm nicht stimme und noch einige Dinge mehr, die alle aus der Unerhörtheit kamen, die ich empfand. Deutlich verunsichert, aber immer noch lächelnd nickte er kurz, drehte sich um und ging von dannen – und noch im selben Moment schlug eine Welle Scham über mir zusammen. Erst vor dem Rosenverkäufer, dann vor mir selbst, und dann wurde mir auch noch klar, dass der Mann, den ich toll finde, das alles mitbekommen hat, und dann schämte ich mich vor dem gleich noch mal.

Große Gefühle verleiten zu genauso großen Fehlern

Wenn mir etwas sehr peinlich ist, versuche ich als Allererstes, es irgendwie argumentativ hinzubiegen, warum meine Reaktion völlig in Ordnung ist. »Ist doch wahr, das kann doch nicht sein!« – solche Dinge. Nur um mir und auch sonst niemandem eingestehen zu müssen, dass das blöd war. Und das war definitiv blöd – man schnauzt keine Leute an, die nur versuchen, mit dem beschissensten Job der Welt über die Runden zu kommen – besonders nicht, wenn man selbst über der besten Trüffelpasta der Welt sitzt.

Der José-Mann war so freundlich, so zu tun, als wäre nichts gewesen, und ich habe das auch noch den ganzen Abend lang durchgehalten, aber schließlich, beim letzten Absacker in meiner Küche, ist es dann doch endlich rausgeploppt: »Das mit dem Rosenverkäufer heute … Ich fühle mich wie ein kompletter Arsch …«, und das war nur der eine Teil – der andere Teil war der, der befürchtete, dass dieser reizende Mann mich jetzt für ebenso einen halten würde. Das tat er zwar nicht, aber um mich nicht mehr schlecht zu fühlen, halfen auch weitere Absacker nichts.

Was half, war, einige Tage später noch einen Abend in dem Restaurant zu verbringen, immer mit dem Blick zur Türe, ob der Rosenverkäufer wieder auftauchen würde – und das tat er dann auch. Er sah nicht so aus, als ob er uns erkennen würde, und bedankte sich für die gekauften Rosen, und auf seinem Weg nach draußen bin ich ihm dann gefolgt. »Entschuldigung …«, fing ich an, als wir vor der Türe waren, und er drehte sich um. »Ich habe Sie letzte Woche hier ganz unschön angeblafft.« Und während ich das sagte, suchte ich in seinen Augen nach einem

Zeichen, dass er sich erinnerte, aber nichts. »Ich wollte nur sagen, es tut mir leid.«

Und dann stopselte ich ein bisschen unbeholfen vor mich hin, bis er plötzlich seine Augen aufriss und mich anstrahlte: »Himmel-Arsch-und-Zwirn!«

»Ja, genau!«, musste ich lachen, und dann lachen wir beide, und er nahm meinen Ellenbogen und drückte ihn kurz und lächelte.

»Ist ganz gut gelaufen was?«, fragte mich José, als ich wieder an den Tisch zurückkehrte, denn ich grinste immer noch über das ganze Gesicht.

»Ja«, nickte ich. »Sehr gut sogar.« Es war mir verziehen worden.

Fehler, die man macht, weil man gerade glücklich ist

Das sind die bestgelaunten Fehler, die man machen kann! Heidewitzka, habe ich schon Mist gebaut vor lauter Glück! Aber immer, wenn mir das im Nachhinein peinlich ist, denke ich an meinen Freund Ulrich, und dann geht es wieder. Der hat nämlich vor lauter frischverliebtem Glück nach drei Monaten Beziehung seine neue Flamme geheiratet, und wenn er nicht so entsetzlich ungelenkig wäre, dann würde er sich dafür heute noch in den Arsch beißen. Heiraten scheint eh so ein Lieblingsfehler zu sein, am besten zu sehen bei prominenten Liebespaaren – zum einen ist Heiraten für viele die romantischste Idee, seit es Pärchen gibt, und die Prominenz kann es sich halt auch leisten, mal eben nach Las Vegas zu düsen und vor einem Elvis-Double total verrückt »Ja« zu sagen. Wenn Jan und Heike total verrückt »Ja« sagen wollen, dann sorgt allein schon der Papierkram (»Wo krieg ich denn jetzt 'ne beglaubigte Geburtsurkunde her?«) für eine gewisse Abkühlung der aufgeheizten Liebesstimmung.

Aber was die Leute so aus Verliebtheit heraus vollbringen, ist wirklich sensationell – und hat eben oft recht weitreichende Folgen. »Und recht … lang anhaltende«, wirft Jana ein, die mit Anne bei mir am Küchentisch sitzt. Dabei legt sie den Kopf etwas schief und zwinkert Anne zu. Die weiß auch prompt, was gemeint ist, und ich weiß es auch: Anne hat unter ihrer Brust, ungefähr an der Stelle, wo sie ihr Herz vermutet, eine Tätowierung, und zwar – und das ist das Ungünstige an der Sache – den Anfangsbuchstaben ihres Liebsten und ihren eigenen, ineinander verschlungen, mit jeder Menge ausufernder Kurven und Bändern, sodass das Ganze aussieht wie diese aufwendig geschmückten Anfangsbuchstaben in alten Büchern.[6] Der Liebste ist nun schon seit mehreren Jahren nicht mehr der Liebste, sondern der, dessen Name nicht genannt werden darf – sonst verhagelt es Anne nämlich die Laune. Die Tätowierung ist aber im Gegensatz zum Liebsten geblieben, und da prangt sie nun und erinnert Anne, immer wenn sie vor dem Spiegel steht, an die Notwendigkeit, auf ihre Freundinnen zu hören, wenn diese sagen: »Mach das unter gar keinen Umständen!« Aber sie hat es eben doch gemacht.

Wenn man verliebt ist, macht man die wildesten Sachen, davon kann sich jeder überzeugen, der dieser Tage auf der A1 Richtung Köln fährt: Da hat sich anscheinend ein sehr verliebter Murat an

---

[6] Die korrekte Bezeichnung für aufwendig geschmückte Anfangsbuchstaben in alten Büchern ist übrigens »Initiale«. Genau, so wie die ersten Buchstaben eines Namens, da gibt es sie allerdings nur im Plural. Gern geschehen.

Große Gefühle verleiten zu genauso großen Fehlern

der Autobahnbrücke entlanggehangelt, um seiner Sarah in riesigen, roten Lettern mitzuteilen, dass er sie liebt und sie heiraten will (toi, toi, toi an dieser Stelle, Murat!). Verliebtheit ist eine Droge, und sie macht uns waghalsig und blind für eventuelle – langfristig wirkende – Fehler. Man verspricht jede Menge Dinge, die oft die Worte »immer« und »nie« beinhalten, und das ist vollkommen verrückt – aber eben auch wahnsinnig schön. Und die verrücktesten Dinge können ja auch durchaus gut ausgehen! In einer anderen Welt (also mit einer anderen Frau) wäre Ulrich vielleicht glücklich bis ans Ende seiner Tage geworden, und die spontane Heirat wäre eine Geschichte gewesen, die er noch seinen Enkeln erzählt hätte.

Als L. und ich uns kennenlernten, lebte ich in Barcelona, L. hingegen wohnte und arbeitete in Nürnberg. Sie hätten mal hören sollen, was in seinem Umfeld los war, als er verkündete, er habe in Spanien eine Frau kennengelernt, würde jetzt die Wohnung auflösen, die Arbeit kündigen und ohne ein Wort Spanisch im Gepäck Richtung Süden ziehen. Da sagten auch einige: »Mach das unter gar keinen Umständen!«, und er hat es eben doch gemacht. Wir sind zwar heute nicht mehr zusammen, aber war es ein Fehler? Himmel, nein! Wir hatten großartige 15 Jahre, haben ein unglaublich gut gelungenes Kind, und L. ist heute ein gern (und weiß Gott oft) gesehener Gast bei mir und wohnt mit seiner neuen Frau zwei Häuser weiter. Also nur der Fakt, dass jemand alles hinschmeißt und etwas Neues anfängt, auch wenn er das im Zustand akuter Verliebtheit tut, muss noch lange kein Fehler sein.

Zugegeben, es gibt Abstufungen: Hätte L. bei einer Safari in Tansania eine bezaubernde Massai kennengelernt und daraufhin angekündigt, er verhökere nun Sack und Pack, um mit der

Schönen in ihrem Zelt ein neues Leben als stolzer Hirte zu beginnen – dann würde ich mir mit dem Satz »Das muss noch lange kein Fehler sein« etwas schwerer tun.

Aber: Wenn es den Kontostand nicht nachhaltig und ausufernd verändert, wenn niemand dabei verletzt wird oder gar zu Tode kommt, wenn man nicht schwerwiegend in Bedrängnis kommen kann – dann um Himmels willen nur Mut![7] So wie Murat! Dann ist es nämlich kein Fehler, sondern das Leben, selbst wenn es nicht so ausgeht wie gewünscht. Nur, weil etwas nicht funktioniert, ist es nämlich noch lange kein Fehler.

Gar nicht ausgegangen wie gewünscht ist es bei Christian, meinem Lieblingsnachbarn. Der ist Mitte 40, ein Chaot vor dem Herrn und außerdem stinkreich, weil er vor Jahren genau die richtigen Aktien gekauft hat. Wäre er nicht so liebenswürdig, ich würde ihn hassen. Ebenjener Christian war, seit ich denken kann, immer Single – ein reicher, reizender Single mit einem Porsche Targa, immer auf der Piste und obendrein enervierend gut gelaunt. Wie gesagt, wäre er nicht so liebenswürdig …

Jedenfalls trat dann eines schönen Tages doch eine Frau in sein Leben – und in unser Treppenhaus –, also eine, die länger blieb als ein paar Nächte. Eine hinreißende Brasilianerin, das ganze Treppenhaus war verzückt, aber Christian am meisten. Und als es dann im Winter die erste Nacht durchgeschneit hatte, konnten wir alle durch die Fenster zum Hinterhof sehen, wie sehr. Dort stand

---

[7] An dieser Stelle an die anwesenden Damen: Etwas, das nachhaltig den Kontostand verändert, ist zum Beispiel auch, für den Partner und die Ehe höhere Steuerklasse zu akzeptieren, Bürgschaften zu übernehmen, in Verträgen alibimäßig zu unterschreiben etc. Auch wenn Sie noch so verliebt sind: Trennen Sie das Finanzielle hiervon. Das ist nicht unromantisch, das ist Basic Selfcare, wenn ich diesen beknackten Ausdruck mal verwenden darf.

nämlich, mit einer Schneeschaufel sauber aus dem Schnee geschippert: *HEIRATE MICH, VITÓRIA!* Und ein Herz drum rum.

Süß, oder? »Aaaaawwww ...«, tönte es auch prompt aus allen Wohnungen. Einziges Problem: Vitória wollte nicht. Sie wollte Christian nicht nur nicht heiraten, sie wollte Christian auch ganz ohne Heirat nicht mehr, und keine zwei Tage später war sie weg. Der Antrag im Schnee war da schon halb geschmolzen, aber noch zu sehen, und es muss Christian bei jedem Blick nach draußen das Herz gebrochen haben. Es war elend, und die komplette Hausgemeinschaft hat mitgelitten. Ich auch, aber nur zum einen, weil ich weiß, wie sich Liebeskummer anfühlt, und das ist wirklich beschissen – zum anderen, weil es mir an seiner Stelle so peinlich gewesen wäre, derart in der Öffentlichkeit die Hosen runterzulassen – und dann in derselben Öffentlichkeit verschmäht zu werden! Ich hätte an Christians Stelle vermutlich die Wohnung nicht mehr verlassen bis an mein Lebensende. Christian hingegen verließ die Wohnung durchaus wieder, ich traf ihn nämlich im Treppenhaus. »Hi«, lächelte ich ihn kurz an und sah möglichst schnell wieder weg, für den Fall, dass er mit seiner Scham einfach schnell vorbeihuschen wollte.

Wollte er aber nicht. Er sah mir geradeaus in die Augen und wandte seinen Blick nicht ab, »Hi, Alex.«

Vielleicht wollte er aber auch so tun, als wäre nichts gewesen, wir könnten über diese Sache schweigen und sie nie wieder erwähnen – aber das wollte er auch nicht. Was Christian wollte, war so mutig und unvorstellbar für mich, dass es mir glatt die Sprache verschlug. Er wollte nämlich darüber reden, und zwar nicht so, wie ich das vielleicht gemacht hätte, in lustig und mit einem leicht schiefen Grinsen im Gesicht: »Ja, Mensch, da will man einmal heiraten und zack! Weg isse!«, sondern so richtig. Er erzählte, wie traurig er sei seitdem, dass er schon fast vergessen hätte, wie sich das anfühle, wenn man verlassen wird, und dass er sich frage, ob sie vielleicht geblieben wäre, wenn er diesen Antrag nicht gemacht hätte. Seine ganze Enttäuschung, seine Traurigkeit und seine Ratlosigkeit legte er vor mich hin, und gemeinsam betrachteten wir sie. Nicht, dass es etwas für mich zu tun gegeben hätte, er erwartete auch gar nichts von mir, aber ich verstand, dass es ihm in diesem Moment guttat, sich sehen zu lassen. Dieses Sich-sehen-lassen ergibt einen Moment der Verbindung zwischen zwei Menschen, der alles andere mit einer warmen Hülle überzieht und erträglicher macht.

Hat Christian also einen Fehler gemacht? »Nein«, findet er, »es war das, was ich fühlte und wollte. Hätte ich das nicht gemacht, hätte ich mich ein Leben lang gefragt, ob es vielleicht etwas geändert hätte.« Denn Fehler sind keine Fehler, wenn man etwas versucht hat, das man wirklich will.

Auch wenn es nur Schmerz und Traurigkeit gebracht hat? »So ist das Leben, das gehört dazu.«

Fehler, die man vor lauter Glück hinlegt, sind etwas Wunderbares. Egal, wie sie ausgehen (und solange man nicht Haus und Hof verliert dabei).

Fehler, die man macht, weil man gerade traurig ist

Was hier nicht gemeint ist: Alkohol, kübelweise Eis und Schokolade – was ja immer noch die beliebtesten Mittel im Kampf gegen Traurigkeit sind (und die bewährtesten, by the way). Und was ebenfalls nicht gemeint ist: die ganz großen Schicksalsschläge so-

Große Gefühle verleiten zu genauso großen Fehlern

wie Depressionen. Die schreiben eigene Geschichten und füllen andere Bücher. Auch nicht diese Verstimmungen wegen schlechtem Wetter, der heruntergefallenen Vase – auch wenn sie teuer war – oder der grenzenlosen Traurigkeit, wenn es die Sandalen des Jahrhunderts nicht mehr in Größe 38 gibt.

Ich meine die Traurigkeit, die sich in einem breitmacht, wenn man verletzt wurde, mit der man noch funktioniert, die einen aber niederdrückt. Die belastet, das Gemüt verfinstert, und die macht, dass sich das Herz schwer wie ein Stein anfühlt. Diese Art Verletzung kommt von Kränkungen. Kränkungen, die einen im Alltag unvermutet treffen, wie so ein Zweig von einem Baum, den man nicht gesehen hat und der einem beim Radfahren plötzlich ins Gesicht schlägt.

Die meisten Kränkungen, die wir so abbekommen, sind noch nicht mal absichtlich – auch wenn diese Erkenntnis einem in diesem Moment nicht viel nützt. Und sie gehen tief, das macht sie aus. Im Gegensatz zu Schmähungen, Verstimmungen, Ärgernissen jeder Art, Wut und Provokation. Eine Kränkung verletzt unser Innerstes: den Selbstwert. Sie macht unsere Seele traurig. Wie eng die Verbindung zwischen einer Kränkung und unserem Körper ist, haben Neurowissenschaftler herausgefunden, indem sie die Reaktionen des Gehirns auf verschiedene Aussagen untersuchten. Der Arzt, Psychotherapeut und Professor für Psychoneuroimmunologie Joachim Bauer hat dazu ein interessantes Experiment durchgeführt: Er steckte Testpersonen in einen Kernspintomografen, in dem man die Aktivität des Gehirns beobachten kann. Dann versetzte er ihnen einen (leichten, ich bitte Sie!) elektrischen Schock. Auf dem Monitor war nun zu sehen, wie das Schmerzzentrum im Gehirn aktiviert wurde – so weit, so erwartbar. Wenn er dieselben Personen aber einfach ein Videospiel spielen ließ, in dem sie virtuell mit anderen einen Ball hin und her spielten und diese plötzlich anfingen, ihm den Ball nicht mehr zuzuspielen – dann leuchteten dieselben Areale auf! Die Person wurde ausgegrenzt – und das tut weh. Sogar sichtbar, für einen Kernspintomografen![8]

Wer das mal kurz nachspüren möchte:

Blöd, aber reißt einen nicht um:	Blöd und reißt Wunden:
o Tante Inge sagt, das Tattoo/der Haarschnitt/der Rock würde gar nicht gehen.	o Freunde planen den Besuch eines Festivals und fragen dich nicht, ob du mitkommst.
o Es gibt Streit mit dem Liebsten wegen Dingsbums.	o Die Band, in der du Gitarre spielst, ändert den Tag der Bandprobe, obwohl sie wissen, dass du an dem neuen Tag nicht kannst.
o Dieser ungemein gut aussehende Mann lächelt einfach nicht zurück.	
o Die anderen Mütter ziehen angesichts des Pausenbrotes des Kindes die Augenbrauen nach oben.	o Auf der Busfahrt zur Weiterbildung setzt sich keine der Kolleginnen neben dich.
o Jana findet, Gelb würde mir nicht stehen.	o In einer Runde werden alle nach ihrer Meinung gefragt, nur du nicht.
o Die Lieblingsjeans findet, ich sollte abnehmen.	o Der Partner verlässt dich wegen jemand anderem.

---

8 https://www.spiegel.de/panorama/gesellschaft/amoklaeufe-und-ursachen-professor-joachim-bauer-im-interview-a-1110173.html

Große Gefühle verleiten zu genauso großen Fehlern

Solche Dinge wie in der Tabelle rechts machen, dass man sich klein fühlt, weniger wert, unbeachtet, ausgeschlossen. Kränkungen sind schrecklich. Sie können der Grund dafür sein, dass Leute mit Drogen anfangen, sie können psychosomatische Störungen auslösen, neurotische und Angststörungen – und Burn-out! Was ist Mobbing schon anderes als ein systematisiertes Kränken?

Kränkung macht krank, Kränkungen können zu Scheidungen führen, zu Feindschaften und zu Verbrechen! Denken Sie nur daran, was über Amokläufer bekannt ist, besonders über die Schulamokläufer! Das liest sich doch immer wie eine Rache an der Welt, an dieser Gesellschaft, die sie ausschließt und an der sie nicht teilhaben können. In einer Studie zu dem Thema wurden Schulamokläufe verglichen, und es stellte sich heraus, dass es zwar schwer ist, Gemeinsamkeiten zu finden – die Persönlichkeiten der Täter und die Umstände sind mitunter völlig unterschiedlich –, aber zwei Dinge haben sie doch alle gemein:

1. Die Verfügbarkeit einer Waffe (und damit umgehen können)

2. Gekränktheit

Kränkungen widerfahren uns aber schließlich allen im Laufe des Lebens, und die wenigsten stürmen daraufhin mit einer Knarre durch die Gegend – aber diejenigen, die das nicht verarbeitet bekommen, in denen gären diese Kränkungen mitunter viele Jahre lang. Ein Schulamokläufer hat bei der Frage nach seinem Motiv einmal gesagt: »Wir haben vor sieben Jahren eine Klassenfahrt nach Rom gemacht, und da wollte keiner mit mir ins Doppelzimmer.«

Ja nu, kann man sich da denken, *komm mal langsam drüber weg.* Aber was andere mit einem Knacks im Herzen irgendwann weggesteckt hätten oder was im besten Fall sogar dazu geführt hätte, das Selbst einer gründlichen Überprüfung zu unterziehen, das hat in ihm gebrütet, hat geeitert wie eine verdreckte Wunde – und die ist über Jahre gewachsen und hat eine zerstörerische Kraft entwickelt. Die Leidtragenden müssen dann noch nicht mal diejenigen sein, die diese Kränkung verursacht haben, die Rache der Ausgeschlossenen trifft einfach »die anderen«, die, denen es gut geht, die einen nicht verstehen – *denen werde ich es zeigen.* Als Repräsentanten der heilen, abwesenden Welt sind sie nur Stellvertreter.

»Keiner wollte mit mir ins Doppelzimmer …«

Oft sind es Dinge, die nüchtern betrachtet gar kein großes Drama sind, kein Trauma, die aber lange Zeit unbemerkt vor sich hin köcheln und Schaden anrichten. Unter diesem Aspekt hat der gute Christian mit seinem missglückten Heiratsantrag instinktiv genau das Richtige getan: Er hat seine Kränkung offengelegt. Der Umgang mit Kränkungen kann beides sein: ein Schmerz, den man zeigt und der heilt und der uns denjenigen, denen wir ihn zeigen näherbringt – oder ein Quell für Fehler.

Sie finden das jetzt übertrieben, als Reaktion auf eine Kränkung Amok zu laufen? Der ganze Erste Weltkrieg ist durch eine Kränkung losgetreten worden! Es herrschte im ausgehenden 19. Jahrhundert zwar bereits eine aggressive Spannung, die Großmächte wollten ihren wirtschaftlichen Einfluss vergrößern und die Aufrüstung tat ihr Übriges – aber dass das kleine Serbien dem großen Habsburgerreich den Thronfolger wegballert, das

Große Gefühle verleiten zu genauso großen Fehlern

war dann zu viel. Vielleicht können wir an dieser Stelle eine Kriegserklärung als den König der Fehler erklären.

Können Sie sich an den schrecklichen Anschlag auf die Satirezeitschrift Charlie Hebdo erinnern? Da tauchte auch dieser Begriff »Kränkungsdelikt« auf. Das klingt erst mal so, als würde man dieses schlimme Attentat verharmlosen (oder schlimmer noch, rechtfertigen), stattdessen hebt es aber die Kränkung an ihren angemessenen Platz.

Kränkbarkeit bei Leuten, die politische Ämter bekleiden, ist natürlich fatal – ein kleiner Vergleich zur Erklärung: Können Sie sich noch erinnern, was Angela Merkel so einstecken musste während und nach der Geflüchtetenkrise? Und wie souverän sie das gemacht hat? Gut. Und jetzt denken Sie kurz an Erdoğan, der, nachdem der Satiriker Jan Böhmermann ein Gedicht über ihn geschrieben hatte, 34 Anzeigen und eine Weltkrise losgetreten hat. Nicht kränkbar versus kränkbar! Von Trump brauchen wir gar nicht erst anzufangen …

Wir Normalos können darüber zwar den Kopf schütteln, aber im Endeffekt begehen wir die gleichen Fehler (nur dass die am nächsten Tag nicht in der Zeitung stehen. Gott sei Dank!). Am geübtesten in unserer Reaktion sind wir in der Partnerschaft.

Die häufigsten Reaktionen auf eine Kränkung, die zu jeder Menge Fehler führen, sind:

1. Gegenangriff

   Je nachdem, was für ein Typ Sie sind, ist das Ihre erste Wahl. Ich bin so ein Typ. Zumindest in der Beziehung. Wenn ich verletzt werde, fährt eine Art emotionales Gitter an mir herunter, und ich werde kalt wie ein Stein. Und dann tut mein Gegenüber gut daran, sich in Sicherheit zu bringen, denn ich kann so was von gehässig werden – da geht es dann gar nicht mehr um die Sache, sondern nur um maximalen Schaden. Wie du mir, so ich dir. Es ist grauenhaft.

2. Rückzug

Klingt harmloser als Angriff, ist es aber nicht. Anne macht das, und in der Folge bricht sie einfach den Kontakt ab. Mit ihren Freunden praktiziert sie das auch so, und es braucht dann eine Engelsgeduld, sie wieder aus ihrer Höhle herauszuholen.

3. Herunterspielen

Das war bestimmt nicht so gemeint. Ich bin einfach zu empfindlich. So schlimm war das doch gar nicht. Und der Killer: *Ich verdiene es nicht anders.* Es gibt verschiedene Möglichkeiten, wie man seinen Selbstwert zugrunde richten kann, das ist vermutlich die zuverlässigste.

Das alles soll uns schützen – tut es aber überhaupt nicht. Und trotzdem halten sich diese Mechanismen eisern. Ich glaube, ich kenne nur einen Menschen auf der Welt, der keinen dieser Mechanismen hochfährt und dessen Reaktion auf Kränkung mich vom Hocker gehauen hat, als ich sie das erste Mal mitbekommen habe, und dieser Mensch ist mein Freund Hummel. Als ich mit Hummel und seinem damaligen Lover recht gemütlich in einer Bar versumpfte und wir uns auf den Heimweg machten – Hummel und sein Lover Hand in Hand –, drehte sich ein Typ

Große Gefühle verleiten zu genauso großen Fehlern

an der Bar zu seinen Kumpels und sagte so laut, dass wir es hören mussten: »Jungs, jetzt keine Seife fallen lassen!« Und dann wurde recht blöd gelacht. Abgesehen davon, dass daraufhin einige sehr unschöne Dinge passierten, die vornehmlich mit Hummels Lover, dessen Faust und einem Polizeieinsatz zu tun hatten, stand ich irgendwann mit Hummel allein vor dieser Bar, und Hummel tat einfach das, was er immer tut, wenn er gekränkt wird: Er ließ es zu und weinte, und es tat ihm weh und er machte so den einzigen Weg frei, den eine Kränkung gehen kann, ohne wiederzukommen: Das Gefühl wird durchlebt und kann gehen. Es wird nicht überdeckt und kehrt irgendwann als Fehler wieder. Und das ist mit die mutigste Sache, die man mit so einer Kränkung anstellen kann, finde ich.

Kränkungen sind vielleicht eine der größten Verursacher von Fehlern überhaupt und obwohl die Kränkung so eine große Nummer und in so vielen Bereichen relevant ist – in der Medizin, in der Psychiatrie, der Wissenschaft, der Pädagogik –, findet man kaum etwas darüber! Dabei reden wir über die Erschütterung des Selbst, das ist doch eine Bombennummer! Sogar die Definition ist mau: *Kränkung bla, bla, ein Angriff auf persönliche Gefühle bla, Verletzung bla, anhaltend.* So ungefähr.

Die vermutlich erste Beschreibung einer Kränkung ist die Geschichte von Kain und Abel – das waren die Kinder von Adam und Eva, falls Sie nicht so firm in religiösen Dingen sind. Damals passierte Folgendes: Die Brüder bringen beide Gott ein Opfer, das sieht so aus, dass Kain – seines Zeichens Ackerbauer – ein paar Erzeugnisse seines Ackers verbrennt, und Abel, Schafhirte von Beruf, verbrennt ein Lamm oder ein Schaf. Gott wiederum nimmt zwar das Lammopfer von Abel an, das von Kain aber nicht, er ignoriert ihn einfach! Warum, ist nicht ganz klar, es hat aber ziemlich sicher nichts mit der Diskussion über das Pro und Kontra von Fleischkonsum zu tun. Jedenfalls muss es ziemlich kränkend für Kain gewesen sein, man kann es nachvollziehen, und dann sagt Gott daraufhin angeblich diesen wunderbaren Satz: »Kain, du trägst in dir ein lauerndes Tier!«, und legt damit in Bezug auf die Auswirkungen einer Kränkung eine echte Punktlandung hin. Denn nun entsteht keine akute Gefahr, sondern eine, die im Hinterhalt lauert, sich anpirscht, und was soll ich sagen – es kommt prompt der Moment, in dem Kain seinen Bruder Abel erschlägt. Trotz aller Auge-um-Auge-Rhetorik des Alten Testaments reagiert Gott aber überraschenderweise milde: Er verbannt ihn zwar, aber die damalige Ordnung der Welt sah vor, dass ein Brudermörder straffrei von jedermann erschlagen werden durfte. Gott entschied sich aber, Kain zu schützen, und machte ihm ein Zeichen (das sogenannte Kainsmal) und befand außerdem, dass jeder, der Kain erschlage, siebenfache Rache erfahren würde.

Es ist eine der rätselhaftesten Geschichten der Bibel, und es wurde und wird viel an ihr herumgedeutet; eine der Deutungen ist, dass Kränkung nur durch Verzeihen geheilt werden kann, und ich finde, das ist eine sehr schöne Deutung.

Von Gott gekränkt zu werden, ist natürlich echt ein starkes Stück – glücklicherweise passiert einem das im Alltag recht selten. Wir werden ja eher von unseren irdischen Kollegen gekränkt, und da gilt: Je wichtiger einem der Absender ist, desto schlimmer ist es. Wenn mir ein Unbekannter im Internet sagt, er finde mei-

Große Gefühle verleiten zu genauso großen Fehlern

ne Bücher kacke, dann stecke ich das weg. Wenn Sie als Leserin mir heute Abend schreiben, hätte ich nur mal lieber *Tatort* geguckt, kränkt mich das schon – und wenn Jana dergleichen sagen würde, bekäme ich einen Anfall. Die emotionale Verbundenheit steigt in gleichem Maß, wie jemand Gewalt über Sie hat – daher vermutlich dieser sonderbare Spruch »Lieben ist so ähnlich wie jemandem eine geladene Waffe in die Hand zu drücken, in der Hoffnung, dass er nicht schießt«. Gekränkt werden kann man leicht dort, wo man sensible Stellen hat: Ich zum Beispiel mag meine Füße nicht und denke mir manchmal, ich sollte mehr enge Freunde oder Freundinnen haben, das lappt ja fast schon ins Asoziale …

Also machen Sie sich ruhig über meine Nase lustig oder über meine Vorliebe für Drogeriemärkte, das ist mir schnuppe, aber nichts gegen meine Füße oder die Größe meines Freundeskreises!

Schlimm wird es, wenn es um das Selbst geht. Wenn ich eh schon das Gefühl habe, mein Leben nicht im Griff zu haben, und mich ein bisschen selbst hasse dafür, dann trifft ein gedankenlos dahingeworfenes »Du kriegst aber auch nichts gebacken, wa?« ins Mark. Insofern sind Kränkungen auch nützlich: Sie zeigen uns, wo wir sensible Stellen haben. Und je näher am wahren Kern, desto schlimmer.

Deswegen ist es auch so unangenehm zuzugeben, dass man gekränkt ist, denn in dem Moment zeigt man dem Gegenüber just diese sensible Stelle, und das macht einen verletzlich. Aber hier ist der Supertrick: In dem Moment, in dem man diese Verletzlichkeit zeigt, fühlt man sich stärker. Und wenn es gut läuft und das Gegenüber kein Vollidiot ist, sondern diese Stelle sieht und mitfühlend reagiert, dann passiert diese wunderbare, magische Verbundenheit, die wir so brauchen. Wenn man das nicht gut kann mit dem Kränkungen-Zugeben – macht nichts. Man kann das auch zeitversetzt erledigen: Während ich vor Kurzem mit meiner Freundin Lotta telefonierte, konfrontierte die mich aus dem Nichts mit dem Vorwurf, ich würde mich gar nicht mehr melden und sie wüsste gar nicht mehr, was bei mir so los ist – und was denn passiert sei?

Immer geradeheraus, die gute Lotta. Das mag ich ja auch so gerne an ihr. Aber mich überfordert diese Art schnell, weil ich mich erst innerlich sammeln muss, um mit was auch immer herauszurücken. In diesem Fall war das »was auch immer« der Umstand, dass eine alte Schulfreundin von Lotta vor Kurzem in unsere Stadt gezogen war, woraufhin Lotta jede Menge Zeit mit ihr verbrachte und aus Mangel an unbegrenzter Freizeit weniger Zeit mit ihren anderen Freundinnen – also auch weniger Zeit mit mir. Und obwohl ich weiß, dass beide kleine Kinder im gleichen Alter haben, sich ewig nicht gesehen haben, sogar die zuständigen Männer miteinander befreundet sind und ich das alles gut nachvollziehen kann, machte sich doch eine klitzekleine Eingeschnapptheit in mir breit – und ich meldete mich weniger. Also eher gar nicht. Aber als Lotta so direkt fragte, was los sei – da konnte ich mich nicht überwinden, das alles zu sagen, also redete ich mich fadenscheinig heraus.

Fadenscheiniges Herausreden schafft übrigens sofort das Gegenteil von Verbundenheit: eine undurchsichtige Mauer. An diesem Abend überlegten der gute spanische Rioja und ich, was ich eigentlich wollte, um nicht mehr die Leberwurst zu sein, die ich offensichtlich gerade war. Im Wein liegt ja angeblich die Wahr-

Große Gefühle verleiten zu genauso großen Fehlern

heit, und mein Wein sagte, die alte Schulfreundin solle sich verpissen. »Ganz schön harsch, mein Lieber«, fand ich und hörte lieber noch etwas weiter in meine eigene Wahrheit. Und siehe da: Niemand musste sich verpissen. In echt freue ich mich für Lotta – ich möchte nur nicht vergessen oder ausgetauscht werden. Wenn wir uns nur etwas seltener sehen als bisher, macht das hingegen nichts. Und genauso, nur mit etwas flauem Magen, erzählte ich das Lotta, als wir uns das nächste Mal sahen. Und natürlich reagierte sie genau richtig – sie ist verständnisvoll und versicherte mir, dass sie mich weiterhin genauso lieb habe wie bisher, und ich fühlte mich ihr nah, und das fühlte sich schön warm an. Zack, die Mauer war weg! Und es war Platz für dieses schöne Gefühl der Verbundenheit. Je größer der Berg der Kränkung, je beängstigender die Vorstellung, sie zuzugeben, und je höher die Mauer, wenn wir das nicht tun – umso erlösender ist es, das alles einzureißen. Es braucht nur Mut. Und wenn einem das schwierig erscheint, immer daran denken: Es ist tausendmal schwieriger, Mauern mit sich herumzuschleppen.

Mut braucht es auch, zu sagen, was einen stört: Ich habe zum Beispiel eine Ewigkeit gebraucht, um Ines zu sagen, dass ich es so mittel fände, wenn sie bei jedem Gespräch nur von sich und ihrer Arbeit erzählt. Aufgefallen war mir das schon länger, aber schließlich trafen wir uns mit Jana und Anne, und an diesem Abend hielt ich es nicht mehr aus. Es war das erste Mal, dass wir uns sahen, seit Jana von ihrem Freund verlassen worden war. Die zwei hatten eine reichlich dramatische Trennung hingelegt, und zunächst hatte sie niemanden sehen wollen, aber jetzt war es so weit. Der Abend war also dazu gedacht, dass Jana all das sagen konnte, was ihr auf dem

Herzen lag, und ihr ein »baño de amor« wie man auf Spanisch sagt, ein »Bad in Liebe« zu verpassen, ihr Wein nachzuschenken oder was auch immer nötig gewesen wäre, damit es ihr besser ging. Und auch an diesem Abend fing Ines an, nachdem Jana die Fakten, den Hergang der Trennung und ihre Verzweiflung auf den Tisch gelegt hatte, von ihrer Arbeit zu berichten. In der Situation selbst brachte ich es nicht über mich, etwas zu sagen – ich war einfach perplex. Aber auf dem Nachhauseweg brodelte es in mir vor sich hin. Die eine Möglichkeit wäre nun gewesen, sich zu ärgern und Ines, die unsensible Tante, nicht mehr einzubeziehen, sie zu meiden, denn auf so was habe ich keinen Bock. Je nachdem, wie viel einem an Ines liegt, kann das nicht die schlechteste Option sein. Aber ich mag sie, und frei nach dem Motto »Mauern sind scheiße« nahm ich mir fest vor, zu sagen, was mir im Magen lag.

Und das tat ich auch, als wir uns wenige Wochen später auf einen Kaffee trafen – natürlich inklusive jeder Menge Herumeiern: »Also ich möchte dir was sagen, und ich sage das nur, weil ich dich mag, und ich hoffe, du bist mir nicht böse …«

Ich hätte noch ewig so weitermachen können, aber Ines zog schon beide Augenbrauen so weit nach oben, wie sie konnte, und riss dabei die Augen auf, dass ich Angst bekam, weitere Spannung würde größere Schäden in ihrem Gesicht hinterlassen. Also holte ich tief Luft: »… jedenfalls – erinnerst du dich an unser letztes Treffen mit Jana?« Und dann sagte ich es ihr.

Kurz war sie still, dann kam ein: »Oh.« Ines war nicht beleidigt. Sie wollte aber wissen, warum ich sie nicht bei früheren Gelegenheiten darauf hingewiesen hätte, ihr wäre das nämlich selbst nicht aufgefallen, und jetzt sei es ihr wirklich unangenehm.

Große Gefühle verleiten zu genauso großen Fehlern

»Ich wollte nicht, dass du vielleicht sauer wirst oder mich nicht mehr magst oder so etwas.« Und da war wieder eine Mauer verschwunden, und es fühlte sich großartig an.

Kränkungen sind wie Hinweisschilder – sie zeigen an, wenn etwas nicht in Ordnung ist. Und auch wenn wir in dem Moment nicht richtig reagieren, das Gute ist: Man kann zu jedem Zeitpunkt zu ihnen zurückkommen und die fehlerhafte Reaktion in Ordnung bringen, einfach indem man sie zugibt. Die großen Nummern brauchen vielleicht etwas Vorbereitungszeit (zum Beispiel: *Wie sage ich meiner Freundin, dass ich enttäuscht von ihr bin, weil sie sich so wenig für meine Kinder interessiert?*). An den kleineren Dingen kann man aber üben: Unser Freund Dirk, eine zuverlässige Quelle unangenehmer Kommentare, spricht zum Beispiel von unserem Hund nur als »der Köter«. Er kann Hunde nicht leiden und macht daraus auch keinen Hehl, und seit ich Dirk kenne, habe ich darüber hinweggesehen. Die Gelegenheiten sind ja auch eher selten – Dirk ist nicht so oft zu Besuch. (Eine gewisse Dirk-Unverträglichkeit gestattet nur homöopathische Dirk-Dosen von maximal einem Treffen im Monat.) Ich habe auch darüber hinweggesehen, weil ich nicht als die empfindliche Meckertante dastehen wollte, die keinen Spaß versteht. Und zuzugeben, obwohl mir seine Köter-Kommentare wehtun, weil ich diesen alten, tauben, gutmütigen Hund einfach sehr liebe – so angreifbar wollte ich mich Dirk gegenüber eigentlich gar nicht machen. In diesem Fall ist es auch nicht so, dass ich eine Mauer zwischen uns einreißen möchte (weiß Gott nicht), aber wir üben hier schließlich, gegen kleine Kränkungen aufzustehen – und das ist so eine.

Und beim nächsten Grillen ist es dann so weit: Auf unserer Terrasse steht ein Kugelgrill, so einer mit Deckel, der den Durch-

Große Gefühle verleiten zu genauso großen Fehlern

messer eines herkömmlichen Badesees hat. L. hat sich damit so eine Art Kindheitstraum erfüllt, und weil bei ihm zu Hause auf dem Balkon kein Platz ist – nun ja. Das Ding ist wirklich riesig, die meiste Zeit des Jahres vollkommen unnütz in seiner Überdimensioniertheit, aber wenn wir viele sind, dann kommt die große Stunde dieses Grills. In der Regel überlegen die Gäste im Angesicht des Grills, wie viele ausgewachsene Steaks darauf wohl Platz haben (24), oder wie Dirk sagt: »Da passt ja der ganze Köter drauf! Lecker zartes Hündchen! Los, komm, komm, schön Platz machen hier, hahaha …!« Und er deutet auf die Grillfläche.

Der Hund, der gute Schmitz, wedelt ihn auch noch freudig an, und ich wünschte, ich hätte ihm irgendein geheimes Zeichen beigebracht, auf das hin er Leute in den Po zwickt. Fest.

Abgesehen davon, dass mir Leute suspekt sind, die keine Hunde mögen (What the fuck?) – man sagt doch auch nicht, wenn einem jemand von seinem absoluten Lieblingssong erzählt: »Boah, das ist so eine Scheißnummer.« Also zumindest nicht, wenn man noch alle an der Waffel hat.

Ich lege also meine Hand auf seinen Arm. »Dirk, bei aller Liebe«, und er sieht mich mit diesem »Ist was?«-Blick an. »Ich mag den Hund, und es stört mich, wenn du so etwas sagst.«

Der verdutzte Dirk lacht auf: »Aber der versteht doch kein Wort, der ist sogar taub!«

»Ja, aber ich nicht.«

Ob Dirk nun denkt, ich sei überempfindlich oder zickig oder verstehe keinen Spaß – geschenkt. Nichts ist so schön wie das Gefühl, das sich in einem breitmacht, wenn man für sich selbst und seine Gefühle einsteht. Man wird sofort größer – schließlich wurde man gerade von sich selbst ernst genommen und beschützt. Besser geht's nicht.

Selbst wenn man sich für einigermaßen empathisch und aufmerksam befindet: Gänzlich vermeiden lassen sich Kränkungen nicht. Man kann nicht *nicht* gekränkt sein, und man kann nicht *nicht* kränken. Wenn nicht mal Gott das kann, ich bitte Sie …

Viele Fehler resultieren aus unserem gekränkten Empfinden, aber jede Kränkung ist auch eine Möglichkeit, gut zu sich zu sein.

Wenn ich Kränkung zeige und bewältige, hat das ganz eigennützig jede Menge positive Auswirkungen: Man erkennt die eigenen Schwachstellen, die sensiblen Werte, die man so mit sich herumträgt, man wird besser in Menschenkenntnis, es fördert die Empathie – und das ist alles Voraussetzung für die edelste Kunst: das Verzeihen.

Was kann man also konkret tun: nicht schweigen, nicht beleidigt sein, nicht auf Rache sinnen. Lasst uns unsere Kränkungen offenlegen! Lasst uns nicht cool sein, sondern verletzlich und liebesbedürftig.

Kränkbarkeit, Sensibilität ist etwas Einzigartiges und Wichtiges: Schließlich war es die Prinzessin auf der Erbse, die es würdig war, Königin zu werden. Verletzbarkeit macht uns zu einfühlsameren Menschen, und wenn Sie zu große Angst davor haben: Sie sind ja nicht zum Spaß hier.

All die Fehler, die wir so begehen, wenn wir unsere Gefühle zulassen, zeigen uns den steinigen Weg zu den eigenen Wunden, aber das ist auch gleichzeitig der Weg, der hilft, sie zu heilen. Von dort kommt alles. Vielleicht sagen die Buddhisten daher auch: »Dein Feind ist dein bester Lehrer.« Man könnte »Deine

Große Gefühle verleiten zu genauso großen Fehlern

Fehler sind aber auch ziemliche Profis« noch hinterherschieben. Denn mehr über sich selbst kann man von niemand anderem erfahren.

Starke Gefühle verleiten uns zu Fehlern, wie wir mit ihnen umgehen. Aber das ist der springende Punkt: Falsche Schritte, die man geht, tauchen als Fehleralarm vor uns auf und schlagen uns so eine andere Richtung vor. Das ist ein verdammt guter Job und wir könnten über ihr nimmermüdes Versuchen, uns auf die richtige Spur zu bringen, ruhig etwas dankbarer sein.

Starke Gefühle verleiten uns zu dem einen oder anderen Fehler –
aber die zeigen dann auch gleich, wo etwas in uns gärt oder was wir
von Herzen wollen.

Und wer es gerne etwas pragmatischer möchte:

Unterschreib nichts, wenn du glücklich bist.
Verstelle dich nicht, wenn du traurig bist.
Kaufe keine Waffen, wenn du wütend bist.

AUTSCH – DAS DING MIT DER VERLETZLICHKEIT

»Papperlapapp«, sagt Jana bei unserem nächsten Meeting im Café Einstein. »Weißt du, wie man das Ganze Gerede über Verletzlichkeit zusammenfassen kann?« Und dabei grinst sie mich über ihrem Milchkaffee gespannt an.

»Äh, nein?«

Da hebt Jana einen Zeigefinger in die Höhe, setzt einen schulmeisterlichen Blick auf und sagt: »Das Einzige, was zählt, sind die Momente, die man mit jemandem teilt, wenn man uncool ist.«

Anne und ich starren sie kurz an. »Das ist … treffend gesagt«, findet Anne als Erste ihre Sprache wieder.

»Ich weiß«, grinst Jana, »ist aber nicht von mir. Ist aus einem Film.«[9]

---

9   Es ist der Film *Almost Famous* (auf Deutsch: *Fast berühmt*), aus dem Jahr 2000, ich hab geguckt. Das Originalzitat lautet: »Die einzige echte Währung in dieser bankrotten Welt ist das, was du mit jemandem teilst, wenn du uncool bist.«

»Vor euch uncool sein ist ja auch kein Problem«, finde ich, »aber vor Leuten, die man nicht kennt – da will man sich keine Blöße geben.«

»Besonders nicht vor Leuten, die Männer sind und gut aussehen und einen an der Tanke beobachten«, rollt Jana mit den Augen.

Das ist mir jetzt doch zu spezifisch für eine allgemeine Aussage: »Was ist passiert?«

Und dann erzählt Jana, wie sie mit ihrem Auto an die Tanke fährt und – natürlich – auf die falsche Seite der Zapfsäule, und auch noch so weit entfernt, dass der Schlauch nicht mal ansatzweise in die Nähe des Tankdeckels gekommen wäre. Das wurde aber erst zum Problem, als Jana den Mann an der nächsten Zapfsäule bemerkte. »Könnt ihr euch an die Coca-Cola-Werbung früher im Kino erinnern? So! Genau so! Nur etwas älter und mit einem reizenden Lächeln. Wirklich schöne Zähne! Ihr wisst ja, wie toll ich schöne Zähne finde, und seine Haare!«

»Okay, okay«, versuche ich die Dinge abzukürzen, »und dann?«

»Ähmmmm«, kratzt sich Jana am Kinn und erklärt uns dann, wie sie wieder in das Auto eingestiegen ist, um einmal um die Zapfsäule auf die andere Seite zu fahren. »Damit stand das Auto zwar auf der anderen Seite der Säule – aber der Scheißtankdeckel war immer noch auf der falschen Seite!«

Anne und ich grinsen. »Und?«, fragt Anne nach, »hat er immer noch geguckt?«

»Ja, verdammt!«, schimpft Jana. »Es war mir so peinlich. Ich schwöre, ich war sooo kurz davor«, und dabei zeigt sie mit Daumen und Zeigefinger eine winzig kleine Lücke zwischen ihren Fingern, »ich war so kurz davor, einfach hinter den Beifahrersitz zu tanken.«

Autsch – das Ding mit der Verletzlichkeit

Und dann lachen Anne und ich lauthals los, bis sogar Jana einstimmen muss.

»Schön, wenn ich euch eine Freude machen kann«, sagt Jana, und Anne nickt: »Es gibt nichts Besseres, als wenn sich deine Freundinnen zum Affen machen!« Und darauf stoßen wir an.

Das Schöne an solchen Dingen ist ja auch, dass jede und jeder solche Situationen kennt – vielleicht nicht unbedingt die an der Zapfsäule, aber ähnliche. Deswegen hätte Jana, wenn sie nicht schlussendlich einfach eingestiegen und davongebraust wäre, vermutlich noch viel bessere Chancen bei dem Coca-Cola-Mann gehabt als eh schon: Was gibt es denn Reizenderes, als ein Missgeschick zu teilen? Und ein Thema hat man auch gleich! Als ich mich mit dem neuen José-Mann (wir sprachen von ihm) zum ersten Mal verabredete, kam er zu unserem Treffpunkt in einer Bar auf seinem wahnsinnig schicken, restaurierten 70er-Jahre-Rennrad angefahren. Ich war angemessen beeindruckt. Außerdem regnete es in Strömen, und er hatte sein Fahrradschloss vergessen. Und das Fahrrad mit in die Bar zu nehmen, war keine Option. Ich glaube, in diesen Minuten, in denen er sich vor Peinlichkeit gewunden hat, weil wir jetzt wegen ihm da im Regen stehen – also genau da habe ich mich ein bisschen verknallt. War es ein Fehler, das Schloss nicht mitzunehmen? Selbstverständlich. War es gleichzeitig wahnsinnig charmant zu zeigen, wie unangenehm das war? Absolut!

So kleine Blößen sind niedlich, eventuell etwas peinlich, aber niedlich. Man kann sie mit anderen teilen, auch mit Leuten, die man nicht gut kennt. Das ist auch der Unterschied zu den wirklich traumatischen Sachen – die legt man nicht jedem vor die Füße. Und wenn das jemand macht, dann ist das etwas eigenartig, oder?

Autsch – das Ding mit der Verletzlichkeit

In Annes esoterischem Hippie-Umfeld treibt sich eine Tania herum, sie ist etwa so alt wie wir, Dreadlocks, Schlabberklamotten und Nasenring, und das Auffallendste: Sie hat sehr große blaue Augen – also so groß, dass unter der blauen Iris noch ein bisschen Weiß zu sehen ist, was ihr permanent einen leicht erschrockenen Gesichtsausdruck verleiht. Auf Annes letztem Geburtstagsessen hatte ich dann die Gelegenheit, diese Tania etwas kennenzulernen. Heidewitzka! Ich war bei meinem »Hallo, ich bin Alex …« noch nicht beim x angekommen, da schmiss sich Tania bereits freudestrahlend an meinen Hals, packte dann mit beiden Händen meine Oberarme und sah mir mit diesen riesigen blauen Augen eine Spur zu fest in die meinen. *Ich kann nicht mal weg*, dachte ich leicht panisch und starrte in einer Art Schock einfach zurück. Von diesem Moment bis zu dem Teil ihrer Lebensgeschichte, in dem sie mir von ihrer traumatischen Missbrauchskindheit erzählte, hatte ich noch nicht mal mein Bier ausgetrunken – und ich brauche wahrlich nicht lange für ein Bier.

Obwohl diese Tania etwas sehr Persönliches mit mir teilte, war es aber nicht so, dass sie sich verletzlich machte, überhaupt nicht! Es war eher so, als ob sie ihre Geschichte, ihr Trauma – *benutzte*. Es war irritierend. Ich bin eigentlich ein mitfühlender Mensch, denke ich, aber ich merkte während ihrer Erzählung, dass ich mich innerlich ein bisschen zurückzog – einfach, weil das zu schräg war, so mit einer Verletzung umzugehen. Es war irgendwie unangemessen. Ich fühlte mich auch prompt schlecht, ihre Geschichte war ja echt, aber statt zu denken: *Oh Gott, was für eine schlimme Kindheit*, dachte ich nur: *Oh Gott, wie komme ich nur hier weg?*

Autsch – das Ding mit der Verletzlichkeit

Würde mir Anne so eine Geschichte erzählen, ich wäre zutiefst mitgenommen und fände es schön, dass sie mir so viel Vertrauen entgegenbringt, ihre schlimmen Erfahrungen mit mir zu teilen. Aber darum geht es doch auch bei so intimen, persönlichen Geschichten: Vertrauen! Und genau das gab es zwischen der Hippie-Tania und mir überhaupt nicht. Wie auch? Vertrauen braucht Zeit, da führt kein Weg dran vorbei, und vor allem: Es beruht auf Gegenseitigkeit. Verletzlichkeit zu zeigen, ist mutig und verbindet mit Menschen – Verletzungen zu benutzen, um sich zu promoten, ist das Gegenteil davon.

Mit Freundschaften und solchen, die es werden sollen, läuft das doch normalerweise so ab: Ich erzähle dir ein bisschen von mir, du erzählst mir ein bisschen von dir, und wenn wir beide finden, dass das Gegenüber mit dem Anvertrauten gut umgeht, dann erzählt man sich vielleicht noch ein bisschen mehr. Das geht Tropfen für Tropfen so, bis dieser Vertrauenskelch gefüllt ist. Es läuft auf jeden Fall *nicht* so, dass jemand aus drei Metern Entfernung versucht, einen Eimer von dem Zeug in deine Richtung zu schleudern, in der Hoffnung, dass irgendwas davon im Kelch landet. »Hallo, alle miteinander, schön hier in der Bürgerversammlung, ich bin neu hier, ich heiße Alex und meine Traumata sind …« – so in der Art.

Als Jana und ich an diesem Abend auf dem Nachhauseweg zusammen im Taxi saßen, sah mich Jana von der Seite an: »Sag mal, diese Tania …?«

»Jaaa?«, fragte ich zurück. »Was stimmt mit der nicht?«

Und ich hatte keine Ahnung – aber es stimmte irgendetwas ganz und gar nicht.

Je länger ich über Tania nachdenke, desto rätselhafter wird mir die Sache, und sie tut mir auch immer mehr leid. Denn wenn jemand sich selbst so etwas Grausames antut wie eine höchst intime, traumatische Geschichte zu benutzen, um damit ich weiß nicht welches Bedürfnis zu befriedigen, das ist eine Schippe zu viel obendrauf!

Dieses hemmungslose Ausbreiten von Intimitäten vor Fremden, das teilt einem doch mit:

1. Ich habe überhaupt keinen Bezug zu dem, was mir widerfahren ist.

2. Und es wird ein verdammt langer Weg bis dahin.

Ich denke mir das oft bei Stand-up-Comedians, und zwar nicht bei denen, die sich über andere lustig machen, sondern bei denen, die sich über sich selbst lustig machen. Diese zugegeben sehr witzige Selbstironie, unter deren Mantel Frauen und Männer auf der Bühne über sich selbst reden – über ihre Missgeschicke, über ihre Figur, über ihre Schwächen, ihre Angststörung, ihr Trauma und je nach Belieben auch über ihre sexuelle Orientierung, ihre Hautfarbe oder ihr Geschlecht.

Alter, was sich die Leute da mitunter antun …

Das kann dann zwar für die Zuschauer saukomisch sein, wenn eine Transfrau über die Reaktionen ihrer Familie zu ihrem Outcome witzelt oder ein schwer übergewichtiger Typ über seine Probleme beim Klamottenkauf, aber die Lacher schmecken bitter. Wenn marginalisierte Menschen sich selbst schlecht machen – »Seht nur dieses Elend an!« –, dann ist das demütigend. Das ist,

Autsch – das Ding mit der Verletzlichkeit

wie sich selbst zu erniedrigen, um überhaupt sprechen zu dürfen. Und das tun die nicht nur sich selbst an, sondern auch Leuten, die sich mit ihnen identifizieren.

Auch hier ist es nicht so, dass Verletzlichkeit gezeigt wird, sondern Verletzungen benutzt werden, und das ist einem selbst gegenüber ganz schön brutal. Frauen tun so etwas übrigens in geschwächter Form auch oft: sich kleinmachen, sich erniedrigen, um sympathisch zu sein oder in der Hoffnung, dass man so gemocht wird. »Ich bin ja so blöd, was mir da schon wieder passiert ist – immer trete ich in diese Fettnäpfchen, ich Schussel …« Das bringt zwar vordergründig Sympathien – aber wie spricht man denn bitte über sich selbst? Und dann wundert man sich, dass das Selbstwertgefühl so klein ist, aber: Was sagt man denn da die ganze Zeit über sich? Man kann sich doch hören! Der Fehler, den wir mit der Verletzlichkeit machen, ist manchmal gleich ein doppelter: erst sie nicht zugeben und sich dann noch selbst hinterhertreten.

Ich weiß natürlich, dass es Geschichten und Unsicherheiten im Leben gibt, die kann man nur mit einer Portion Sarkasmus erzählen – das ist eine Art, mit Dramen umzugehen, es ist ein Selbstschutz. Man kann sich in Witze flüchten. Aber die Witze der Profis funktionieren nach einem immer gleichen Mechanismus, nämlich Spannung aufbauen und dann mit der Pointe überraschend lösen. Die Spannung wird künstlich erzeugt, und wenn derjenige, der das tut, sein Fach beherrscht, wird es sogar fast etwas unangenehm – dafür ist der Lacher, wenn die Pointe die Spannung löst, umso größer. Was diese Erzählungen und dieser extreme Spannungsaufbau aber auch machen: Sie machen krank, denn sie gebrauchen das Trauma. Die Pointe braucht das Trauma. Wer das

Autsch – das Ding mit der Verletzlichkeit

Show für Show jedes Mal wieder vorführt, bleibt genau da stecken, das Trauma wird praktisch konserviert. Nicht verarbeitet. Würde der- oder diejenige seine Geschichte erzählen, wie sie wirklich für ihn oder sie war oder ist, wäre sie nicht witzig. Sie wäre schmerzvoll. Denn Abwertung schmerzt.

Im normalen Leben ist es ist nicht nur schwierig, seine eigene Verletzlichkeit zuzugeben, sondern auch, die der anderen auszuhalten. Es gibt ein wunderbares Video einer Szene aus der 90er-Jahre-Serie *Der Prinz von Bel-Air*. Will Smith spielt darin einen Jugendlichen (Will), der in den Straßen Philadelphias aufwächst und von seiner besorgten Mutter zu dem wohlhabenden Onkel Phil und dessen Familie nach Los Angeles geschickt wird, um dort seinen Schulabschluss zu machen. Wills leiblicher Vater Lou hatte die Familie verlassen, als Will noch ein kleines Kind war, und taucht in einer Folge nach 14 Jahren plötzlich wieder auf.[10]

Nach Anfangsschwierigkeiten gewinnt der leibliche Vater Lou die Sympathien der Familie und vor allem die von Will, die beiden verstehen sich prächtig, und der Vater verspricht seinem Sohn sogar, ihn über die Sommerferien in seinem Lkw mitzunehmen. Will ist begeistert, aber der Onkel bleibt skeptisch: Er hat Angst, Vater Lou könnte – wie stets – seine Versprechen brechen und Will damit schwer verletzen. Und prompt: Es kommt der Moment, da erklärt der Vater seinem jugendlichen Sohn, dass sie die gemeinsame Fahrt verschieben müssen. Ein, zwei Wochen, vielleicht auch länger, ich ruf dich nächste Woche mal an … so in der

---

[10] Staffel 4, Folge 24, *Der verlorene Vater (Papa's Got A Brand New Excuse)*

Autsch – das Ding mit der Verletzlichkeit

Richtung. Trotz Wills möglichst lässigem »Ja, ja … kein Problem« ist ihm die Kränkung anzusehen, und der Vater – geht.

Der Onkel, der bei dem Gespräch dabei ist, versucht, ihn aufzufangen: »Es tut mir leid, Will.« Aber der reagiert automatisch so, wie viele von uns reagieren würden: Er versucht, die Nummer herunter- und mit Witzchen zu überspielen, es passe ihm sowieso viel besser – im Sommer trügen die Mädels in der Uni weniger Klamotten und es gebe ordentlich was zu sehen …

Aber der Onkel bleibt dran und sagt ihm, es sei okay, wütend zu sein, aber Will streitet ab, wird sarkastisch und sagt, er wisse gar nicht, warum er sauer sein sollte, schließlich habe sich sein Vater diesmal zumindest von ihm verabschiedet.

An dieser Stelle hätten diverse Onkel die Ausfahrt nehmen können, die Will hier anbietet: zusammen mit ihm auf den beknackten Vater schimpfen, zum Beispiel, oder ihn darin bestärken, dass es so viel besser ist. Aber dieser Onkel denkt nicht daran, Ausflüchte zu suchen, sondern sagt ihm: »Es tut mir so leid«, auch als Will sich darüber auslässt, er habe seinen Vater schließlich nie gebraucht und er hätte sich alles selbst beigebracht, vom Basketballspielen über das Autofahren und das Rasieren – und er sei ja auch so ein spitzenmäßiger Kerl geworden. Ganz ohne die Anwesenheit oder wenigstens eine Geburtstagskarte von seinem Vater. Und was vor ihm liegt, das College, ein Job, eine eigene Familie, auch das werde er ohne ihn schaffen.

Und wieder bleibt sein Onkel dran. Er bestärkt ihn nicht in seinem Versuch, das Verhalten seines Vaters abzutun, sondern wartet ab … bis Will die Tränen kommen: »Warum will er mich nicht haben, Mann?« Und die Dämme brechen. Gucken Sie's ruhig, auch wenn es nun keinen überraschenden Plot mehr hat, es ist furchtbar rührend. Und zwar nicht nur wegen einem möglichst coolen Will, der schließlich doch seinen Schmerz rauslässt, sondern gerade wegen der Reaktion seines Gegenübers. Es gehört viel dazu, nicht nur zu erkennen, dass jemand zutiefst verletzt ist, sondern auch, das unangenehme Gefühl auszuhalten, einfach nur für den anderen da zu sein, ohne abgeschmackte Kommentare abzugeben, die nicht hilfreich sind, à la: *Das musst du verstehen/ Es geht nicht anders/ Ist doch nicht so schlimm, wir machen diesen Sommer was anderes Tolles/ Ja, dieser Arsch!/ Klar schaffst du alles ohne ihn, und wir sind ja auch noch da* – oder gar: *Sei nicht so empfindlich!*

Nichts davon. Kein Herunterspielen, kein Ablenken und keine Trostversuche. Der Onkel ist einfach nur da und nimmt seinen Neffen in den Arm, während er weint. Ich glaube, ich finde diese Szene auch deswegen so großartig, weil ich die Situation gut kenne: Jemand anderes sagt, etwas sei schon okay, und man hat dann die Wahl, das zu glauben und innerlich aufzuatmen – oder den anderen zu ermutigen, seine Gefühle rauszulassen und die dann auszuhalten. Verletzlichkeit ist in beide Richtungen schwierig: sie zuzugeben und auch, sie bei anderen mitzufühlen, ohne Ausflüchte. Genauso wie ich es auch andersherum kenne: zu sagen etwas sei schon okay, was überhaupt nicht okay ist – und dann enttäuscht zu sein, wenn das Gegenüber das glaubt.

Eine ganz bittere Erkenntnis aus dieser ganzen Nummer ist: Ich mache das bei meinem Kind auch. Also, ich verschwinde nicht für 14 Jahre, aber ich halte es so unfassbar schwer aus, wenn das Kind gekränkt ist, das tut mir so weh, dass ich sofort versuche, diese Kränkung zu relativieren. Damit es nicht so schlimm ist. Was total

Autsch – das Ding mit der Verletzlichkeit

schlimm ist. Zum Beispiel mit einer Art Ratschlag-Reflex. Also wenn das Kind erzählt, dass sein bester Freund Tristan neuerdings lieber mit jemand anders spielt, wische ich das weg mit einem: »Mach dir nichts draus, das ist nicht schlimm … typisch Tristan eben. Es gibt ja noch jede Menge andere nette Kinder in deiner Klasse, oder?«

Manchmal möchte ich mir fast selbst eine reinhauen.

Verletzlichkeit ist kein Fehler. Verletzlichkeit ist etwas Großartiges, allein wie wir mit ihr umgehen, ist oft ein Fehler. Für alle, denen das auch passiert und die sich an dieser Stelle fragen, was man denn stattdessen tun sollte in dieser Situation: Es heißt, »aktives Zuhören« wäre das Beste.[11]

Dabei wiederholt man genau das, was das Kind gesagt hat, nur in eigenen Worten, und beschreibt dabei nicht nur die Fakten, sondern nennt auch das Gefühl dazu. Dadurch hilft man dem Kind, dieses unangenehme Gefühl einzuordnen und zu benennen. Das wäre hier: »Du fühlst dich ausgeschlossen. Das macht dich ganz schön traurig, oder?« Liegt man richtig, hat das Kind das Gefühl, verstanden zu werden, und ist ermutigt weiterzuerzählen. Liegt man falsch, hat es die Möglichkeit, zu korrigieren: »Nein, ich bin nicht traurig, sondern …«

Das nur am Rande, falls Sie auch so blöd tun wie ich.

Wenn Sie dazu neigen, anders blöd zu tun: Hier sind die gängigsten Fehler, die Leute machen, wenn sie mit Verletzlichkeit konfrontiert werden:

---

[11] Ersonnen Mitte des 20. Jahrhunderts von dem amerikanischen Psychologen Carl Rogers

- Der Klassiker:
  Jemand leidet so sehr mit, dass man ihn am Ende selbst noch trösten muss. Also man bekommt nicht nur keine emotionale Unterstützung, sondern ist plötzlich damit beschäftigt, sich um das Wohlergehen einer anderen Person zu kümmern, WEIL MAN ES SELBST GERADE SCHWER HAT. Oh Mann, echt …

- Das Opfer:
  Man wird nicht mitfühlend und verständnisvoll behandelt à la »Das kenne ich, ich verstehe dich, ich fühle mit dir«, sondern man blickt in aufgerissene Augen und vernimmt ein entsetztes »Oh Gott, wie schrecklich! Du armes Ding!«.

- Der Fan:
  Eine Person, die gerne möchte, dass man alles kann und alles schafft, für die man Vorbild und glänzendes Beispiel an Selbstwert und Selbstsicherheit ist – und die dann maßlos enttäuscht ist, weil man nicht perfekt ist.

- Die Geschichtenerzähler:
  Eine ganz üble Nummer, nicht böse gemeint, aber niederschmetternd. Da überwindet man sich und erzählt einer anderen Person etwas Beschämendes, eine Verletzlichkeit oder etwas anderes tiefgreifend Persönliches – und die ergreift die Gelegenheit, um mit einer eigenen Geschichte zu kontern.

- Der Anpfiff:
Manche Leute sind damit überfordert, wenn sie hören müssen, wie jemand, den sie lieben, verletzt wurde oder angreifbar ist. Sie tun sich derart schwer damit, sich mitfühlend zu zeigen, dass sie lieber Ärger rauslassen – mit dem kann man nämlich leichter umgehen. Das sieht dann so aus: »So ein Idiot! Zur Hölle mit ihm!« Oder: »Wie konntest du dir das nur gefallen lassen?« Und das hilft dann auch nicht wirklich.

So wie in meiner Reaktion mit dem Kind hat sich auch in anderen Situationen ein Automatismus eingeschlichen, Verletzlichkeit nicht zuzulassen – oder zumindest, sie nicht zu zeigen. Zum Beispiel, indem ich nicht vor anderen zugebe, wenn ich etwas wirklich sehr hoffe. Nicht im Sinne von »Ich hoffe wirklich sehr, dass Netflix eine neue Staffel meiner Lieblingsserie dreht«, sondern wenn es um etwas geht. Wenn ich wirklich, wirklich hoffe, dass der Verlag mag, was ich ihnen schicke. Wenn ich wirklich, wirklich hoffe, dass es mit der Lesereise klappt – oder als ich wirklich, wirklich hoffte, dieser verdammte Schwangerschaftstest möge doch bitte einen zweiten Strich erscheinen lassen.

In diesen Situationen jemandem zu sagen: *Ich wünsche mir das wirklich sehr*, fühlt sich verletzlich an. Schließlich könnte das Gegenüber ja mitbekommen, wie diese Hoffnung nicht in Erfüllung geht, und das wäre mir unangenehm – mich sehen zu lassen, wie ich gekränkt bin, nicht cool und nicht so, wie ich gerne nach außen erscheinen möchte. Das ist mein Fehler, wenn es um Verletzlichkeit geht. Und der vieler anderer Leute auch. Wenn Ihnen das im Alltag gar nicht mehr so auffällt, hier ein paar Situationen, in denen man sich verletzlich machen kann – und es leider oft genug lieber vermeidet. Gucken Sie selbst, ob Ihnen da was bekannt vorkommt:

- Mit einer Meinung nicht hinterm Berg halten, auch wenn man weiß, dass man damit allein auf weiter Flur steht
- Das Gleiche wie oben, aber mit Musikgeschmack
- Jemanden um Hilfe bitten
- In der Öffentlichkeit Sport machen – und zwar einen, den man nicht besonders gut beherrscht, in Leggings, in denen man dick aussieht
- Zugeben, dass man Angst hat
- Um Verzeihung bitten
- Als Erster zu sagen: »Ich liebe dich«, wenn man nicht sicher ist, ob es auf Gegenseitigkeit beruht
- Sich zu jemandem hinbeugen für den ersten Kuss – als Erster
- Dagegenzuhalten, wenn in einem Gespräch ein Freund oder eine Freundin kritisiert oder unfair behandelt wird
- Dagegenzuhalten, wenn man selbst kritisiert oder lächerlich gemacht oder unfair behandelt wird
- Kinderwunschbehandlungen – sie durchziehen und darüber sprechen
- Auf das Ergebnis einer medizinischen Untersuchung warten
- Das eigene Manuskript, Aquarellbild, die Sanges- oder Schauspielkunst sehen lassen
- Jemanden anrufen, der gerade jemanden verloren hat
- Den neuen Freund zu Hause vorstellen
- Vor dem Partner oder der Partnerin einen Striptease versuchen

Autsch – das Ding mit der Verletzlichkeit

- Nein sagen!
- Den Eltern dabei helfen, ihren letzten Willen zu formulieren
- Eine neue Stelle antreten und nicht sicher sein, ob man ihr gewachsen ist
- Zum ersten Date nach einer Trennung gehen
- Sich verlieben
- In einem Land mit Leuten kommunizieren, dessen Sprache man nicht gut kann
- Angestellten oder Zulieferern sagen, dass man sie nicht mehr zahlen kann
- Zugeben, dass man mit seinem Geschäft pleitegegangen ist

Wenn Sie auch zu denen gehören, die alles aus dieser Liste extrem unangenehm finden: Das ist ganz normal. Lustigerweise wollen wir uns zwar selbst nicht gerne verletzlich zeigen – finden es aber total mutig und sympathisch, wenn andere das tun! Auch das ist wohl ganz normal, denn: Unsere eigene ungeschminkte Wahrheit ist natürlich nie so gut und im Vergleich unzulänglich zu den ungeschminkten Wahrheiten anderer Leute. Meinen wir. Ohne Filter und etwas Verbesserung sind wir nicht gut genug. Bullshit. Sobald man sich nämlich überwindet und sich sehen lässt, auch auf die Gefahr hin, dass man verletzt wird – fühlt man sich mutig und groß. Das Wort »Mut« im Englischen und Französischen, *courage*, wird übrigens vom lateinischen Wort *cor* abgeleitet, was »Herz« heißt. Es bedeutet also, etwas auszusprechen oder dem zu entsprechen, was man auf dem Herzen hat oder darin. »Beherztheit« geht in die gleiche Richtung. Es ist mutig, zu zeigen, wer wir sind, wie wir denken oder was wir füh-

Autsch – das Ding mit der Verletzlichkeit

len, man legt sozusagen das, was man wirklich ist, frei. Zur Betrachtung und natürlich mit dem Risiko, verletzt zu werden.

Allein die Bereitschaft dazu, sich derart verwundbar zu machen, bewirkt dieses wunderbare Gefühl, mutig zu sein und groß – das ist die Magie der Verletzlichkeit. Wen das alleine noch nicht so recht überzeugt: Der Preis, den wir zahlen, wenn wir sie nicht zulassen, ist hoch.

Jedes Mal, wenn wir uns gegenüber unseren Lieben nicht öffnen, uns nicht sehen lassen und Verletztheiten runterschlucken, wenn wir die Dinge lieber für uns behalten, um uns nicht angreifbar zu machen, ziehen wir uns von anderen zurück. Als würden wir eine stetig wachsende Mauer bauen, und jeder Stein ist eine Gelegenheit, in der wir wählen, uns lieber nicht zu zeigen. Das passiert in Freundschaften, aber auch in Liebesbeziehungen andauernd – langsam und zwischen Alltag, Steuererklärung und Wer-bringt-das-Kind-zum-Sport werden die Momente mehr, in denen es einfach zu anstrengend erscheint, sich zu erklären und dem anderen zuzuhören. Das Funktionieren der Abläufe steht im Vordergrund, und das kann ja auch eine begrenzte Zeit gut gehen – aber viel zu leicht verlieren sich die Beteiligten dabei. Kleine Missstimmigkeiten werden hingenommen, Ärger wird weggewischt und im blödsten Fall denkt sich so manch einer *Depp* oder *blöde Kuh* – und stichelt in einem anderen Moment zurück. Wo einmal Nähe war, ist plötzlich diese große Distanz, und schließlich sehen sich zwei Menschen, zwischen die zu einem anderen Zeitpunkt nicht mal ein Blatt Papier gepasst hätte, plötzlich jemandem gegenüber, den sie kaum zu kennen scheinen. Der Klassiker ist dann: »Wir haben schon ewig keinen Sex mehr, keine Ahnung, warum.«

Autsch – das Ding mit der Verletzlichkeit

Sich zeigen (in aller Pracht) heißt aber nicht nur, dass man andere sehen lässt, wenn man verletzt wurde, sondern auch, wenn man unsicher ist, verwundbar. Das sind wir meistens, wenn wir nicht dem Bild entsprechen, das wir abgeben wollen.

Wir wissen ja seit einem sehr geringen Alter, was wir tun oder sagen müssen, wie wir uns anziehen müssen und was wir besser für uns behalten, um gut angepasst und bequem durch den Tag zu rutschen. Dieses Anpassen funktioniert ganz automatisch und wir stellen mit dieser Hilfe eine Person dar, die wir meinen sein zu müssen, um akzeptiert und anerkannt zu werden. Es scheint der leichtere Weg, denn die Alternative erfordert mehr Mut: so zu sein, wie man wirklich ist, mit allen Minuspunkten, die man zu bieten hat. Aber stellen Sie sich mal vor, wie schön das wäre, wenn Sie anerkannt und akzeptiert wären für das, was Sie tatsächlich sind, also als das fehlerhafte Häufchen Mensch. Ein schöneres Gefühl der Zugehörigkeit bekommen Sie nirgendwo her!

Das Bild, das wir gelernt haben abzugeben, ist geprägt von dem Ideal, das die Gesellschaft für uns bereithält. Das ist für Männer und Frauen unterschiedlich, ein Spaß ist es weder für die einen noch die anderen:

Bei Frauen formt sich dieses Bild vor allem aus den Komponenten Aussehen und Mutterrolle sowie Perfekt-Sein (aber ohne Mühe) – und das wohlgemerkt trotz all dieser »Sei ganz du selbst«-Weisheiten, die wie zum Hohn stets mit einer schönen, perfekten Frau bebildert werden. Angriffe auf Frauen kommen deswegen auch gerne von dort: Es wird über ihre Figur, ihre Klamotten und ihre Frisur geätzt und, schön zu sehen besonders bei Politikerinnen, was für Rabenmütter sie sind.

Männer haben es auch nicht leicht, nur anders, die können sich nämlich im Gesellschaftsbild keine Schwäche erlauben: Sie dürfen keine Angst haben und auch nicht versagen. Deswegen zielen die Beleidigungen für Männer auch genau darauf ab: Loser, Opfer, Schlappschwanz.

Die Botschaft ist also ziemlich eindeutig, an beide Geschlechter:
Frau: Sei schön, schlank und perfekt!
Mann: Sei nicht schwach!

Als ich meine großartigen Weisheiten beim nächsten Grillen in größerer Runde zwischen Tomatensalat und die Anwesenden werfe und mich besonders auf die Männer einschieße, dass sie sich diesem Bild so gar nicht widersetzen, wirft dieser neue José-Mann ein: »Mir kommt es so vor, als ob wir Männer zwar schon verletzlich und empfindsam und all so was sein sollen – aber nicht wirklich. Also wenn man mal tatsächlich ins Schleudern kommt, dann ist das den Frauen doch nicht so recht.«

Hm. Ist das so?, frage ich mich, und ich muss zugeben – ein bisschen ist das so. Also hier bei mir zumindest. Ich sehe den Liebsten auch lieber als Fels in der Brandung statt als einen von den Gezeiten gebeutelten Kiesel.

Wir machen uns verletzlich, wenn wir uns zeigen, wie wir sind. Besonders, wenn das, was wir sind, nicht dem entspricht, wie uns die Welt gerne sehen würde. Das ist bei Frauen und Männern im Detail unterschiedlich, aber in beiden Fällen eine Herausforderung.

Ist Verletzlichkeit also ein Fehler? Nein. Sie ist die magische Brücke, die uns mit anderen verbindet. Sie ist die Voraussetzung für Mitgefühl, Freundschaft, Liebe und Zugehörigkeit. Wenn also irgendjemand zu Ihnen sagt: »Sei nicht so empfindlich!« Dann hören Sie nicht hin. Es gibt keinen einzigen vernünftigen Grund, nach Unempfindlichkeit zu streben – Verletzbarkeit ist eine Stärke, sie ist unverzichtbar. Tatsächlich ginge es der Welt vermutlich deutlich besser zu, wenn viel mehr Menschen empfindlicher wären. Ein Prosit auf die Empfindlichkeit! Pompons für die Verletzlichkeit! Auf dass wir sie:

- uns selbst eingestehen,
- sie vor unseren Lieben eingestehen,
- und sie bei anderen aushalten.

Wenn man verletzt wurde, ist der Fehler nicht die eigene Verletzlichkeit.

FEHLER IN DER WERKSEINSTELLUNG

Verletzlichkeitsfehler gehören zu denjenigen, die tief in unseren Werkseinstellungen sitzen. Das »Werk« ist dabei das Elternhaus oder wo auch immer man so aufwächst. Wenn wir einigermaßen intakt den zuständigen Bauch verlassen, geht es praktisch schon los: In den ersten Jahren, während man mit Kindergarten, Biene Maja und Schlumpf-Eis beschäftigt ist, formt sich langsam, aber sicher das Bild, das wir uns von der Welt machen. Und auch das Bild von uns selbst und unserem Platz in dieser Welt. Wie dieses Bild aussieht, hängt davon ab, ob und wie unsere Grundbedürfnisse befriedigt werden.

Abgesehen von Schlumpf-Eis gibt es dazu nach einer Theorie des Psychologen Klaus Grawe[12] vier Grundbedürfnisse:

---

12   Klaus Grawe (* 29. April 1943 in Wilster; † 10. Juli 2005 in Zürich) war ein deutscher Psychologischer Psychotherapeut und Hochschullehrer mit dem Tätigkeitsschwerpunkt Psychotherapieforschung.

1. Das Bedürfnis nach Lustgewinn und Unlustvermeidung
   Also runtergebrochen: Schokolade versus Frust. Wir streben nach allem, was Spaß macht (und Kinder noch viel mehr), und wollen alles, was keinen macht, vermeiden – komplett logisches Konzept. Das Lustprinzip haben Kinder eins a drauf, alles, was schmeckt, sich gut anfühlt oder auf egal welche Weise ein inneres Hurra erzeugt, wird hartnäckig eingefordert. Den Umgang mit beidem müssen Kinder erst lernen, auch dass man unter Umständen eine negative Emotion aushalten muss, um dann eine grandios positive zu erleben. Eltern können da ganz schön verkacken, indem sie ihr Kind keine frustrierenden Erlebnisse machen lassen – oder sie damit überhäufen. Je nachdem, für was sie sich entscheiden, wird aus dem Schraz dann entweder ein Tyrann, der nie gelernt hat, mit Kritik, Abweisung und Frustration umzugehen, oder ein Kein-Bock-auf-gar-Nichts und Ist-eh-alles-Scheiße, weil es mit negativen (frustrierenden) Erlebnissen geradezu überschüttet wurde.

2. Das Bedürfnis nach Bindung
   Die vielleicht grundlegendste Nummer überhaupt – allein schon, damit man die ersten Jahre überlebt. Wer gerade erst auf die Welt geworfen wurde, braucht unbedingt und immer eine Person, die sich um einen kümmert, die zuverlässig da ist, für Nahrung und Nähe sorgt. Wenn das einigermaßen funktioniert, kann man als Säugling Vertrauen entwickeln (das sogenannte Urvertrauen), dass das Gegenüber einem wohlgesonnen ist, dass auf dieses Gegenüber Verlass ist und dass Beziehungen zu Personen generell etwas recht Angenehmes sind. Das ist eine der

Fehler in der Werkseinstellung

wichtigsten Ressourcen, die man für das Leben so mitbekommen kann. Die ersten circa drei Jahre geht es bei der Bindung nur um diese Bezugspersonen, meistens die Eltern, später kommen dann Gleichaltrige dazu. Im Idealfall lernen Kinder auch zu Hause am lebenden Vorbild, wie das mit den Bindungen am besten funktioniert: was passiert, wenn ich jemanden ärgere, haue, wenn ich etwas Nettes mache, oder ob ich vielleicht irgendetwas Besonderes tun oder unbedingt lassen sollte, um gemocht zu werden. An den Eltern kann man sich abschauen, wie man miteinander umgeht, wie man streitet, was Respekt ist und wie man sich versöhnt.

Das Bedürfnis nach Bindungen bleibt ein ganzes Leben lang, auch wenn sich die Wichtigkeit irgendwann verschiebt, von den Eltern hin zu den Gleichaltrigen, die mit einem an der Bushaltestelle abhängen, und den Lieben, die man sich so aussucht im Laufe des Lebens. Und auch wenn man mit den Jahren immer neue Erfahrungen in Sachen Bindung sammeln und an den eigenen Strategien feilen kann: Das Urvertrauen in den ersten Lebensjahren ist enorm wichtig. Einmal ausgewachsen, wird es immer schwieriger, Patzer in dieser Richtung wieder hinzubiegen. Wie wichtig, ist in der folgenden Abbildung dargestellt: die Dicke der Pfeile stellt dar, wie sich die Beeinflussbarkeit von Bindung von außen in welchem Lebensabschnitt verhält:

Fehler in der Werkseinstellung

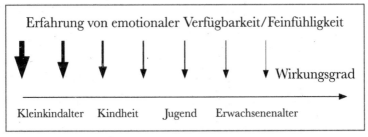

Eltern sollten unbedingt versuchen, diesem Bedürfnis einigermaßen gerecht zu werden. Grobe Schnitzer in den Werkseinstellungen sind der Quell aller Fehler und Schwächen, die man so mit sich herumschleppt. Zumindest der dicken Dinger. Das heißt nicht, dass sie rund um die Uhr um ihre Brut herumflattern müssen oder sich keinen Patzer erlauben dürfen. Es gilt schon als guter Wurf, wenn Kinder nicht permanent die Bezugsperson wechseln müssen und diese prinzipiell wohlwollend und verfügbar sind. Kinder, die das mitkriegen, haben einen sogenannten »sicheren Bindungsstil«, das heißt, wenn auf dem Spielplatz was schiefläuft oder sich Monster unterm Bett verstecken, laufen sie zu ihren Eltern und suchen dort nach Schutz und Trost, und die Eltern wiederum beruhigen, trösten, nehmen Anteil und – sind da. Hat sich die Situation beruhigt, dreht das Kind wieder ab und entdeckt weiter die Welt.

---

13 Angelehnt an: https://www.klaus-grawe-institut.ch/blog/das-beduerfnis-nach-selbstwert/#:~:text=Klaus%20Grawe%20postulierte%20im%20Rahmen,dem%20Bed%C3%BCrfnis%20nach%20Selbstwerterh%C3%B6hung%20%26%20Selbstwertschutz.

Fehler in der Werkseinstellung

Wer all das leider Gottes nicht oder nicht ausreichend bekommt, entwickelt unter Umständen einen »unsicheren Bindungsstil«. Bei Kindern sieht das dann so aus, dass sie entweder total cool tun oder so, als wäre nichts, obwohl innerlich die Hölle los ist. Das tun sie, weil sie gemerkt haben, dass sie nicht auf Unterstützung hoffen können, sondern vielleicht eher noch in ihrer Not abgewertet werden (»Stell dich nicht so an«, »So ein Quatsch«, »Memme« und alles, was in diese Richtung geht). Indem sie so tun, als wäre nichts, vermeiden sie, von Neuem zurückgewiesen und verletzt zu werden. Das sind die so genannten »Vermeider«. Die anderen drehen auf, schreien und weinen und klammern sich an ihren Eltern fest, weil sie gelernt haben, dass nur das ganz große Drama der Weg zu Trost und Nähe ist. Das sind die Unsicher-Ambivalenten.

Wenn Sie bereits nach Luft schnappen, weil Sie sich hier wiederfinden: keine Sorge. Diese beiden Verhaltensweisen gelten noch als Normvarianten, also als einigermaßen normal.

Schlimm kann es werden, wenn Kinder scheinbar gar keine Bindungen aufbauen, aggressiv sind oder deutlich auffallen in ihrem Verhalten: Sie haben dann eine diagnostizierbare Bindungsstörung und nicht selten geht diese Hand in Hand mit traumatischen Erfahrungen, Missbrauch, Vernachlässigung oder häufigem Wechsel der Bezugspersonen.

Sie ahnen es: Wer einen sicheren Bindungsstil mitbekommen hat, hat es im Leben leichter, ist sozial kompetent, beliebt und findet, dass die Welt generell ein guter Ort ist.

Wenn die Vermeider größer werden, tendieren sie zu Misstrauen anderen gegenüber, eventuell auch zu Aggressivität,

Fehler in der Werkseinstellung

und sie idealisieren sich selbst. Die Unsicher-Ambivalenten hingegen neigen dazu, selbstunsichere Jugendliche zu werden, anhänglich und im Verhalten eher passiv.

Bei denen mit Bindungsstörung ist zwar nicht alle Hoffnung verloren, aber es braucht schon größere Umwälzungen, um das wieder hinzubiegen, zum Beispiel ein paar emotional belastbare, liebevolle und gleichzeitig konsequente Bezugspersonen (Großeltern, Pflege- oder Adoptiveltern, Erzieherinnen).

3. Das Bedürfnis nach Autonomie und Kontrolle

Die Demonstration davon, was das heißt, geht praktisch los, sobald die Würmchen anfangen, sich zu bewegen: All das Drehen, Robben, Krabbeln und Kriechen ist der Drang nach Autonomie. Essen lernen, nach dem Dingsbums greifen, egal was. Sobald das Kind zwei ist, können Sie diesen Drang auch akustisch wahrnehmen, er geht nämlich so: »Alleine!« oder »Selber!«, und daraufhin mühen sie sich mit irgendetwas ab und man selbst sieht dann dabei zu, wie das Kind versucht, seinen Reißverschluss an der Jacke einzufädeln (während man sich selbst vor Ungeduld auf die Backeninnenseiten beißt). Manchmal klappt es mit dem Vorhaben, manchmal nicht, auf jeden Fall ist das Bedürfnis danach, Einfluss auf diese Welt zu nehmen, groß. Und wichtig. Wenn kleine Kinder merken, dass sie aktiv Dinge verändern können, wächst mit ihnen die Überzeugung, dass sie mit den Problemen, die so aufploppen, schon irgendwie umgehen werden können und auch Lösungen finden.

Fehler in der Werkseinstellung

Wie Eltern das vermasseln können: Indem sie keine klaren Regeln setzen und unberechenbar in ihrer Reaktion sind, indem sie überbehüten oder überfordern. Wenn ein Kind keine Chance hat, zu lernen, welche seiner Aktionen welche Reaktion auslöst, weil die immer unterschiedlich ist, gibt es irgendwann auf. Wer vermittelt bekommt, keinen Einfluss auf seine Umwelt zu haben, fühlt sich irgendwann als ein Spielball unverständlicher äußerer Einflüsse. Das macht hilflos und kann später zu Anpassungs-, posttraumatischen Belastungs-, Angst- sowie Zwangsstörungen führen.

Ein Experiment aus dem Jahr 1967 zeigt, was für große Auswirkungen das Gefühl des Kontrollverlusts auf Menschen hat. Zunächst zeigte man das an Hunden, und zwar auch nur aus Versehen: Der US-amerikanische Psychologe Martin E. P. Seligman, der in dem Bereich der Depression forschte, wollte eigentlich das Experiment von Pawlow mit den Hunden nachstellen (Sie wissen schon, die Klingel, das Futter und der Speichelfluss). Er entdeckte aber ein ganz anderes Phänomen, und das wird jetzt ein bisschen unschön für uns Hundeliebhaber. Seligman teilte sein Experiment in zwei Phasen. In Phase eins setzte er Hunde in zufälligen Abständen in ihren Käfigen elektrischen Schlägen aus. Diese Hunde teilte er in zwei Gruppen: Die Tiere in der einen Gruppe konnten den Elektroschocks entkommen, indem sie lernten, einen Hebel zu drücken, wodurch die elektrischen Impulse gestoppt wurden. Bei den Tieren in der anderen Gruppe funktionierte dieser Hebel allerdings nicht. Ob sie also den Schalter drückten wie verrückt oder nicht, es hatte keine Auswirkungen, und egal, was sie taten, die Schocks blieben.

Fehler in der Werkseinstellung

Ich weiß, elend.

In Phase zwei des Experiments wurden die Hunde in einer sogenannten Shuttle-Box untergebracht. (Eine Shuttle-Box besteht aus zwei identischen Kisten, die über einen Durchgang miteinander verbunden sind. Der Hund wird in eine der beiden Kisten gesetzt.) Dann erklang – ähnlich wie bei Pawlow – ein Ton, der allerdings keine Belohnung ankündigte, sondern einen Elektroschock. Der jeweilige Hund konnte diesem Schock entgehen, indem er in die andere Box wechselte. Die Hunde der ersten Gruppe, die in der Versuchsphase eins gelernt hatten, mit dem Drücken des Hebels dem elektrischen Reiz zu entkommen, lernten sehr schnell, beim Erklingen des Tones in die andere Box zu schlüpfen und so dem Schmerz zu entgehen. Sie lernten sogar, die Schocks durch einen vorzeitigen Wechsel in die andere Box gänzlich zu vermeiden. Die Hunde der Gruppe zwei hingegen blieben überwiegend lethargisch auf der einen Seite der Kiste liegen und ließen die Elektroschocks passiv über sich ergehen. Sie hatten infolge der früheren Erfahrung gelernt, dass es keinen Unterschied machte, ob sie etwas taten oder nicht, und dass sie keinen Einfluss auf den Schmerz hatten.

Seligman kam bei dem Anblick der Hunde darauf, dass vielleicht auch Menschen, die an einer Depression leiden, sich in einem Zustand der erlernten Hilflosigkeit befinden könnten.

Falls Sie auch Eltern sind: Verkacken wir das besser auch nicht.

4. Das Bedürfnis nach Anerkennung
Heißt, man will sich selbst für okay befinden. Dieses Bedürfnis ist so groß, dass es einmal als »master sentiment«, als dominierende Empfindung, benannt wurde.[14]
Es geht um den Selbstwert, das Selbstwertgefühl, und kann in frühen Jahren schon gehörig minimiert werden durch übermäßige Kritik, Abwertung oder Beschimpfung (und natürlich ganz übel: durch Misshandlung und Missbrauch). All das »entwertet«. Wenn Eltern auf ganzer Linie versagen, haben die Kinder zwei Möglichkeiten, das zu deuten: Entweder sie kommen zu der Überzeugung, dass ihre Eltern »schlecht« sind und sie selbst schon ganz okay, was eine realistische Einschätzung wäre, oder sie gehen davon aus, dass die Eltern gut sind und sie selbst schlecht, weswegen sie so behandelt werden, wie sie behandelt werden. Fatalerweise, und weil Kinder auf ihre Eltern angewiesen sind, ertragen sie es nicht, die Eltern als schlecht anzusehen, und entscheiden sich in der Regel für die Möglichkeit Nummer zwei: Sie kommen zu dem Schluss, dass sie selbst schlecht sind – denn das ist immer noch besser, als alleine dazustehen. Sogar bei Misshandlung, zum Beispiel wenn Kinder grundlos geschlagen werden, halten Kinder meist an ihrem Bild der »guten« Eltern fest und geben sich selbst die Schuld an den Schlägen, denn die Eltern dürfen nicht schlecht sein, dieser Gedanke ist zu bedrohlich für ein Kind. »Kinder würden für ihre Eltern sterben, auch

---

14 Aus: Roy F. Baumeister: Self-Esteem: The Puzzle of Low Self-Regard (The Springer Series in Social Clinical Psychology), Springer; Softcover reprint of the original 1st ed. 1993, Edition vom 30. April 2012, S. 117

Fehler in der Werkseinstellung

für die hundsmiserablen«, hat mal eine Professorin der Uni gesagt, an der ich (kurz) studierte, und das ist so ein trauriger Satz, dass man ihn fast nicht aushält.

Das erklärt übrigens auch diese Unmenge von Leuten, die eine »glückliche Kindheit« hatten und ganz »großartige Eltern«, obwohl sie regelmäßig verprügelt wurden. »Nur wenn ich es wirklich verdient hatte!«, heißt es dann.

Was am Ende dabei rauskommen kann, ist eine negative Sicht auf sich selbst (die bei fast allen psychischen Problemen mit reinspielt), eine soziale Unsicherheit und das Gefühl, weniger gut zu sein als andere. Läuft zum Beispiel etwas nicht so wie gewollt, neigen die »Gesunden« dazu, die Umstände verantwortlich zu machen – und die mit dem mangelnden Selbstwertgefühl, wir ahnen es, suchen die Ursache bei sich selbst.

Das sind nicht nur die vier Grundbedürfnisse, sondern auch gleichzeitig die vier Orte, von wo die Fehler in den Werkseinstellungen herkommen. Ein anderer Begriff für diese frühkindliche Überzeugung davon, wie wir sind, der sich durchgesetzt hat, ist das »innere Kind«. Dieses tragen wir bis in unser Erwachsenenleben in uns, und auch wenn wir genügend sozialisiert und angepasst sind und alles so weit im Griff haben: Es gibt Momente, da macht sich dieses Kind, da machen sich diese Fehler bemerkbar. Immer wieder. Und sie lassen so lange nicht locker, bis man sie sieht und sich um sie kümmert. Diese Momente, in denen man zu emotional reagiert auf irgendetwas, der Mann, der total sauer ist, weil seine Freundin vergessen hat, seine Pflanze zu gießen, die Frau, die ein schreckliches Gefühl im Bauch bekommt, wenn

Fehler in der Werkseinstellung

sie sieht, wie ihr Mann eine Freundin umarmt, irgendjemand, der aufgeht wie ein Kugelfisch, wenn ihm jemand belehrend kommt/ihn ignoriert/er sich angegangen fühlt, und der Kollege, der zeternd alles hinschmeißen will, nur weil er Kritik vom Chef einstecken musste ... you name it.

In diesen Situationen, in denen wir ja merken, dass gerade etwas nicht optimal ist, ist es das unerfüllte Grundbedürfnis, das sich zu Wort meldet, weil es durch eine Situation angestupst wird.

Es gibt zwei Arten, wie wir mit unseren Defiziten umgehen können – und eine ist besser als die andere:

Entweder versucht man hinsichtlich der Grundbedürfnisse endlich Befriedigung zu erfahren – das nennt sich Annäherungsverhalten – oder eventuelle zukünftige Verletzungen zu vermeiden – das heißt Vermeidungsverhalten. Spoiler: Annäherung ist besser als Vermeidung. Warum? Ein Beispiel:

Wenn es bei Leo aus der Kindergartengruppe Sonnenschein deutlich an Selbstwert hapert, kann es sein, dass er (unbewusst) versucht, sein Bedürfnis nach Anerkennung zu befriedigen, indem er sich über die anderen Kinder erhebt, sie runtermacht und völlig unangemessen aggressiv ist. Dieses Verhalten muss natürlich geändert werden, aber zumindest strebt Leo noch nach Selbstwert, und das ist viel besser, als wenn er resigniert hätte. Wer aufgegeben hat, ist schwieriger dazu zu motivieren, überhaupt irgendetwas zu verändern – es hilft ja alles eh nichts. Dann wird die Nicht-Befriedigung des Grundbedürfnisses in Kauf genommen, dafür vermeidet man wenigstens weiteren Schmerz.

Leos großer Bruder Kevin (problematische Familie) ist schon 16, für sein Alter aber deutlich zu oft umgezogen: Nach der Geburt

Fehler in der Werkseinstellung

lebte er zehn Monate bei seiner Mutter, die war mit dem Kind so überfordert, dass sie ihn zur Großmutter gegeben hat, der wurde alles nach einem halben Jahr zu viel, und Kevin kam wieder zurück zur Mutter. Die hat ihn nicht ausreichend versorgt, Kindeswohlgefährdung, und Kevin kam mir zweieinhalb zu einer Bereitschaftspflegefamilie. Für eineinhalb Jahre. Mit vier landete er in einem Kinder- und Jugendwohnheim, bevor er nach einem Jahr wieder zur Mutter zurückgebracht wurde. Krasse Geschichte? Die meisten schwer gestörten Jugendlichen haben solche Geschichten … Kevin jedenfalls, wir ahnen es, hat in Sachen Bindung einen schweren Knacks mitbekommen. Auffällig wird er, weil er ein total unangemessenes Verhalten jugendlichen Mädchen gegenüber zeigt. Also nicht in dem Sinne unangemessen, wie sich die meisten 16-Jährigen unangemessen verhalten, sondern seltsam: Sobald ihm ein Mädchen gefällt und sie einen Hauch von Interesse zeigt, wird er so ätzend und abweisend, dass die Auserwählte sich garantiert abwendet. Was schräg ist, denn sein Bedürfnis nach Bindung wird so nicht befriedigt (und mit Anfassen läuft dann auch nichts).

Obwohl Kevin augenscheinlich gegen das arbeitet, was er am dringendsten braucht, wird andersherum ein Schuh draus: Er kann einfach keine weitere Verletzung seines Bindungsbedürfnisses mehr ertragen, und indem er sich den Mädchen gegenüber schroff verhält, vermeidet er die Angst vor Zurückweisung und dem Verlassenwerden, weil einfach erst gar keine Bindung entsteht! Das Blöde: Das alles ist Kevin nicht bewusst, das geschieht ganz von selbst, und wenn man ihn darauf ansprechen würde, er könnte nicht sagen, warum er immer wieder das dringende Gefühl hat, zu Mädchen, die ihm gefallen, scheiße zu sein.

Fehler in der Werkseinstellung

Kevin ist ein Vermeider. Man sieht, wie viel schwerer es wäre, Kevin wieder hinzubiegen, der sich mit seiner eingebrannten Beziehungsangst auseinandersetzen müsste, als irgendeinen anderen Larry, der seine Defizite in Sachen Bindung damit zu lösen versucht, indem er belästigt, mit Kommentaren, Fotos, Abpassen, dem ganzen Programm. Der bekommt das mit den Mädchen zwar vielleicht auch nicht hin, aber er versucht es zumindest. Larry könnte einfach ein paar neue Kniffe in sozialer Kompetenz beigebracht bekommen, und wenn er merkt, dass die funktionieren, hätte er die aber so was von schnell drauf.

Sie sehen: Die Defizite bleiben, solange sie nicht bearbeitet werden, ein Leben lang. Selbst wenn wir keine Ahnung haben, was bei uns eventuell im Argen liegt, wir merken es immer, wenn sich harmlose Situationen anfühlen, als hätte man ein Loch im Bauch, oder wenn wir plötzlich große Wut verspüren wegen – objektiv gesehen – Kleinkram. Wir merken es auch, weil uns unsere Lieben sagen: Da reagierst du immer komisch.

Man kann sich unter Kontrolle haben und Strategien entwickeln, wie man mit starken Emotionen umgeht, die plötzlich aufkommen, aber wenn man an die Wurzel will, muss man sich mit diesen unangenehmen Dingen auseinandersetzen:

- Was ist es, was ich gerade fühle?
- Warum glaube ich, mich so verhalten zu müssen?
- Welche Überzeugung liegt diesem Verhalten zugrunde?
- Welche Gedanken kommen mir in den Sinn?
- Und wann und wo habe ich mich als Kind so gefühlt?

Fehler in der Werkseinstellung

- Was hat mir gefehlt, was hätte ich mir gewünscht?
- Was hätte ich gebraucht?

Stellen Sie sich dieses Kind vor, das Sie waren, und fühlen Sie mit ihm: Was hätte es gebraucht und hat es nicht bekommen? Haben Sie Mitleid mit ihm! Sagen Sie, was auch immer Sie ihm sagen möchten, und geben Sie ihm das, was es braucht, Aufmerksamkeit, Liebe oder eine Umarmung. Damit füllen Sie Defizite wieder auf, und das machen Sie jedes Mal, wenn Sie vor Emotionen überzukochen drohen. So lange, bis es besser wird. Und es wird besser, Sie können dieses Bedürfnis immer noch stillen. Es ist nicht zu spät.[15]

Wenn man das tut, heißt es, man arbeite mit dem »inneren Kind«, und es gibt Leute, die halten während des Dialogs mit diesem inneren Kind eine Puppe oder ein Kissen im Arm, das hilft, die Gefühle herauszulocken, und dann weinen sie ganz schrecklich und trösten sich.

Dieser blöde Spruch, man könne natürlich immer eine schwere Kindheit vorschieben, wenn man auf die schiefe Bahn gerät – wissen Sie, was? Ich glaube tatsächlich, dass kriminell Auffällige häufiger eine schwere Kindheit hatten als Maximilian-Leonhard mit seinen fast perfekten Eltern. Ist doch arschklar!

Und der andere blöde Spruch, dass nur Leute mit psychischen Problemen Psychologie studieren (und Therapeuten werden): Ja

---

[15] Wer sich oder seine Lieben hier wiederfindet und mehr zum Thema wissen will, es gibt ein prima Buch dazu, ein (zu Recht) Bestseller seit ewig:
Stefanie Stahl, *Das Kind in dir muss Heimat finden. Der Schlüssel zur Lösung (fast) aller Probleme*, Kailash 2015

klar ist das so! Maximilian-Leonhard interessiert der Dreck doch gar nicht!

Ganz ehrlich: Alle, die ich kenne, haben irgendwas, ich auch. Es hakt immer irgendwo, und ich wedle die Pompons für alle, bei denen es auch nicht rundläuft und die Defizite aufweisen und straucheln. Nicht, weil sie mir ähnlicher sind, sondern weil sie mutig sind und mit Dämonen kämpfen, von denen Maximilian-Leonhard noch nie etwas gehört hat. Kämpfer, das sind wir. Kämpfer mit Knacks.

Wenn man so ungefähr weiß, welchen Knacks man hat, ist man deutlich im Vorteil. Wenn man die eigenen Werkseinstellungen nicht so genau kennt, macht man eventuell immer die gleichen Fehler.

Fehler machen uns darauf aufmerksam, wo es eventuell nicht rundlief in der Kindheit – und schaffen so die Möglichkeit, dieses Feld zu beackern.

FEHLER, DIE MAN MACHT, WEIL MAN SICH SELBST NICHT KENNT

Es gibt Fehler und Schwächen, die man macht, weil man sich nicht gut genug kennt – und sogar solche, die man macht und die für alle außer einen selbst total vorhersehbar sind, weil sie einen sehr gut kennen!

Während man sich selbst noch darüber wundert, wie man sich schon wieder in ein derartiges Schlamassel manövrieren konnte – *Warum habe ich das nur gemacht?* –, zuckt das Umfeld wenig beeindruckt kollektiv mit den Schultern – *Wieso? War doch arschklar.*

Familie, die die Eigenart hat, dass sie einen schon einen relativ langen Zeitraum kennt, sowie bewährte Freundschaften, die außerdem noch einige Facetten von uns gesehen haben, die der Familie eventuell verborgen geblieben sind, sind dabei die zuverlässigsten Indikatoren. Das betrifft die großen Probleme im Leben, geht aber schon bei den ganz kleinen los:

Ich will das selbst nicht so unbedingt wahrhaben, aber tatsächlich habe ich ein halbes Erwachsenenleben gebraucht, bis mir irgendwann klar wurde: Ich sollte nicht allein Klamotten kaufen gehen. Oder, wenn es gar nicht anders geht, mich bei jedem Teil, das ich mir ansehe, fragen: Ist diese Offiziersjacke/dieser Sombrero/diese gelbe 70er-Jahre-Schlaghose etwas, das ich wirklich anziehen würde und werde oder fände ich nur die Vorstellung so toll, diejenige zu sein, die so etwas anziehen würde?

Das finden Sie jetzt vielleicht lächerlich, aber mein Fundus an Textilem geht jederzeit als exzentrische Sammlung einer Dragqueen auf LSD durch – dabei trage ich im Alltag genau zwei Kombinationen, nämlich:

- Jeans und T-Shirt,
- Jeans und Pulli.

Und zwar in den Farben:

- Schwarz,
- Grau.

Ich käme also locker mit einem handelsüblichen Schuhkarton als Kleiderschrank aus – theoretisch. Praktisch habe ich eine zwei Meter lange Schrankwand, die das Potenzial hat, einem das Augenlicht zu blenden, wenn man ihre Türen öffnet. Warum das so ist, ist einfach:

1. Ich sehe auf der Straße irgendeine atemberaubende 20-Jährige mit einem ausgefransten Cord-Minirock und denke mir sofort: *So einen MUSS ich haben!*

Fehler, die man macht, weil man sich selbst nicht kennt

2. In einem meiner Lieblings-Secondhand-Läden treffe ich auf einen ausgefransten Cord-Minirock, probiere ihn an, verzücke und bin der Meinung, dass dies das beste Kleidungsstück ist, das ich je besessen habe.

3. Ich mache mich auf den Heimweg, und nach ziemlich genau 200 Metern kommen mir die ersten Zweifel.

4. Eine Abwärtsspirale setzt sich in Gang, an deren Beginn besagte erste Zweifel stehen, in der Mitte beschäftigt mich die Frage, ob Cord überhaupt zu mir passt, dann werde ich immer sicherer, dass dies ein Fehlkauf war, SCHON WIEDER, fühle mich schlecht und stelle am Ende meine komplette Entscheidungskompetenz im Leben generell infrage.

Das ist alles natürlich überhaupt keine dramatische Sache, es ist lediglich ein Ablauf, dessen Wiederholung irgendwann aufgefallen ist. Anderen eher als mir. Vielleicht lag es auch an der Häufigkeit, mit der ich fragte: »Jana, schau mal, mein neues XY – was meinst du?« Und dann ist fatalerweise Jana so eine, die einfach immer die Wahrheit sagt. Also gar nicht undiplomatisch, aber so etwas wie: »Aha, hmm … du hast doch noch andere Sachen! Zieh doch was von denen an!«

Nach einer angemessen langen Zeit trage ich das Ding dann wieder in einen Secondhand-Laden zurück – wo er natürlich prompt mit irgendeiner bezaubernden 20-Jährigen zu einer schillernden Einheit verschmilzt und auf der Straße an einer Tante wie mir vorbeigeht, die sich denkt: *So einen MUSS ich …*

Das ist wie der *Circle of Life*, nur eben in Scheiße.

Ich kaufe also gerne ein, aber eben für diejenige, die ich gern wäre, nicht für diejenige, die ich bin. Das geht in anderen Bereichen übrigens auch: Ich packe auch meinen Urlaubskoffer für eine anscheinend mir völlig fremde Person. Eine, die gerne mehrere Philosophie- und Geschichtsbücher im Urlaub liest, die Sonnenhut trägt und wild gemusterte Bikinis und Strandwickelkleidchen und eben lauter Dinge, die ich mir total schön vorstelle, sie anzuhaben – und die ich unter keinen Umständen tragen werde. Ich glaube aber, das geht noch ein paar Leuten so, denn ich sehe im Urlaub auch andere Urlauber, die anscheinend gerne Safarireisende wären oder supersexy Flanierdamen, und immer denke ich mir, wenn wir alle zu Hause so rumlaufen würden, wäre das Straßenbild in unseren Heimatstädten deutlich interessanter. Jedenfalls fiel es irgendwann sogar mir auf, dass ich hier einem Prinzip aufsitze und ständig für ein Bild von mir einkaufe statt für mich als reelle Person.

Und für niemanden, wirklich niemanden in meinem Umfeld war das eine Neuigkeit: »Herzchen, was denkst du, was du tust?«, ist Annes erstaunte Reaktion, als ich ihr davon erzähle. »Du hast bauchfreie Tops und kurze Hosen in deinem Schrank? So etwas hast du in deinem ganzen Leben noch nicht angehabt.« Und das stimmt, wenn ich mich recht erinnere, wollte ich gerne ein bisschen wie Lara Croft aussehen, aber eben nur theoretisch. So wie ich theoretisch auch ganz wunderbar im Dirndl aussehe.

Einer der Vorteile, wenn man älter wird, ist, dass man immer mehr von diesen Dingen über sich selbst lernt und verinnerlicht, ob es einem nun passt oder nicht. Und dann kann es zwar sein, dass man zunächst erfreut zusagt, wenn man zur Riesensause zum 50. der

Fehler, die man macht, weil man sich selbst nicht kennt

Kollegin eingeladen wird – aber es dauert dann keine fünf Minuten, bis man sich mit der flachen Hand an die Stirn schlägt, weil es einem auf einmal wieder einfällt: »Halt, Mensch, vergiss es, ich bin doch gar nicht gesellig!« In diesem Sinn gibt es jede Menge Fehler, die man nicht oder nicht mehr begeht – einfach weil man sich im Laufe so eines Lebens ja näher kennenlernt, und wenn es gut läuft, sogar akzeptiert, dass man irgendwie ist, auch wenn einem das nicht immer genau so in den Kram passt. Alle, die nach langen Jahren nutzloser Mitgliedschaft irgendwann keine Fitnessstudio-Monatsraten mehr zahlen zum Beispiel, haben diesen Punkt erreicht. Man kann sagen, da hat jemand jegliche Hoffnung aufgegeben – man kann aber auch sagen, da hat jemand etwas eingesehen, akzeptiert und kauft sich jetzt monatlich etwas anderes Schönes. Schokolade zum Beispiel. Wenn Sie ein paar Erfolgserlebnisse brauchen können, klopfen Sie sich bei all diesen Entscheidungen, die Sie fällen, WEIL Sie sich Pappenheimer kennen, ein paarmal selbst auf die Schulter.

- Schon wieder NICHT das gesunde Quinoa-Dinkel-Müsli gekauft, weil es Ihnen überhaupt nicht schmeckt? OBWOHL Sie schon zugreifen wollten, weil Sie sich eigentlich gesünder ernähren wollen? Glückwunsch! Sie haben dem Müsli einen langen Tod in den hinteren Winkeln eines Küchenkästchens erspart und sich selbst ein schlechtes Gewissen, immer wenn es von dort hinten nach vorne gewinkt hätte.
- Doch NICHT zugesagt, auf die Lesung zum Thema »Der humboldtsche Ansatz in den Werken von Farzad Karimi« mitzukommen? Einfach weil es Sie überhaupt nicht interessiert? OBWOHL Sie nicht als ungebildete, uninteressierte

Fehler, die man macht, weil man sich selbst nicht kennt

Ignorantin dastehen wollen und finden, Sie sollten etwas mehr für Ihr Hirn tun? Glückwunsch!
- KEINEN Pony schneiden lassen, obwohl der bei der Frau in dem Magazin so atemberaubend aussieht? Hurra!
- KEINEN Campingurlaub gebucht, weil der neue Freund so gerne campen möchte und man sich das so romantisch vorstellt? Einfach weil man weiß, dass man nach der ersten Nacht nichts mehr auf der Welt möchte als eine Dusche, eine Kaffeemaschine und nie mehr auf einer beschissenen Luftmatratze schlafen? Perfekt.

All diese Fehler, auch wenn man sie gefühlte hundertmal machen muss, zeigen einem recht deutlich, wer und wie man eigentlich ist. Was man mag, was nicht und was man nicht ausstehen kann – obwohl man es in einer idealen Vorstellung von sich gerne anders hätte. Aber sich selbst legt man nun mal nicht so leicht herein. Nicht mit Argumenten und nicht mit Beharrlichkeit: Da können Sie noch hundert Jahre auf Partys in der Ecke stehen, Körnchenquark essen, den humboldtschen Ansatz studieren und mit frisch geschnittenem Pony im Survivalzelt sitzen, alles an Ihnen wird versuchen, Ihre Nase in Richtung dieses großen Schildes zu lenken, auf dem steht:

Schon toll – aber nicht für dich!

Fehler, die man macht, weil man sich selbst nicht kennt

Insofern hat die Lehrerin des Kindes durchaus recht, wir erinnern uns: Fehler sind unsere Freunde.

Die kleinen Dinge sind ja auch gar nicht weiter schlimm, blöd wird es immer erst, wenn man auf Dinge hingewiesen wird, bei denen einem schwant, dass der andere damit eventuell recht haben könnte – und die man auf gar keinen Fall hören will! Eines der klassischen Zeichen dafür, dass jemand damit recht hat, was er einem vorwirft, ist, dass man sofort sauer wird und alles abstreitet.

»Du reagierst immer total komisch, wenn …«
»IST ÜBERHAUPT NICHT WAHR! SELBER KOMISCH!«
So etwa in der Art.

Partner machen solche Sachen. Ein noch eindringlicherer Hinweis, dass das Gegenüber recht haben könnte, ist, wenn ausnahmslos alle Ex-Partner einschließlich dem aktuellen Lebensgefährten das Gleiche behaupten. »Irgendwie reagierst du immer komisch, wenn …«

»Mmmhhh – das hab ich irgendwo schon mal gehört …«

Das ist insofern auch ganz praktisch, weil man einen potenziellen neuen Partner direkt im Vorfeld warnen kann:

»Ich reagiere übrigens immer komisch, wenn …«

Wenn man umgekehrt lustige bis nicht so lustige Eigenheiten bei seinen Lieben entdeckt, ist Diplomatie gefragt. Mir ist zum Beispiel irgendwann aufgefallen, dass Anne in Gegenwart ihrer Mutter immer total kratzbürstig wird. »Anne, kann es sein, dass du dich immer, wenn deine Mutter anwesend ist, ein bisschen … eigenartig verhältst?«

»IST ÜBERHAUPT NICHT WAHR! SELBER EIGENARTIG!«

Bingo.

Jana, unserer Diplomatie-Königin, ist übrigens genau das Gleiche aufgefallen, und zwar ganz ohne dass ich irgendetwas gesagt hätte: »Wenn deine Mutter da ist, bist du nicht auszuhalten!«

Und sie hat recht. Anne wird derart schnippisch und abweisend, dass es einem schon fast selbst peinlich ist. »Sie meint es nicht so«, will man zu der Mutter sagen, wenn das nicht auch total eigenartig wäre. Aber es ist eben bei Annes Familie zu Hause so wie bei den meisten Familien: Alles scheint gesittet, aber wenn man genauer hinsieht, dann befindet sich mitten im Familienzimmer eine dicke Beule unter dem Teppich. Und wenn man drunterguckt, liegt da ein großer, stinkender Haufen Mist. »Nicht hochheben!« ist demnach auch das Motto der meisten Familien, wenn Außenstehende nach dieser Beule fragen, denn nur so können alle weiterhin lächelnd im gleichen Zimmer sitzen. Nachgefragt, räumt Anne irgendwann ein, dass sie tatsächlich in einen Zustand allerhöchster Gereiztheit gerate, sobald ihre Mutter am Horizont erscheine. »Ihre passiv-aggressive Art macht mich fertig!«, sagt Anne. »So was«, wundert sich Jana, »ich fand deine Mutter immer ganz nett …«

Anne schüttelt den Kopf: »Zu anderen ist sie supernett, aber jedem in der Familie macht sie ständig ein schlechtes Gewissen. Dabei versuchen immer alle, ihr alles recht zu machen! Aber sie ist nie zufrieden!«

Ich überlege noch, ob das nicht einfach so eine typische Eltern-Kind-Nummer ist. Schließlich haben Mütter und Väter ja

Fehler, die man macht, weil man sich selbst nicht kennt

traditionsgemäß die Gabe, einen mit Kleinigkeiten im Nullkommanichts auf die Palme zu bringen.

»Nein«, schüttelt Anne den Kopf, »so ist das nicht.« Und dann erzählt sie, wie die Mutter permanent wegen irgendetwas, das nicht nach ihrem Willen laufe, beleidigt sei – aber nie sage, was es denn wäre, das nicht nach ihrem Willen laufe. Man müsse raten! Einmal nachfragen reiche aber nicht: »Wenn man sagt: ›Was hast du denn? Was ist denn los? Ist irgendwas?‹, dann guckt sie nur abweisend und sagt: ›Nein, schon gut!‹, und dreht sich weg. Aber das ist das eingeschnappteste ›Nein schon gut‹, das man sich vorstellen kann!«

Ja, das klingt anstrengend.

»Das ist nur der Anfang!«, kommt Anne in Fahrt. »Wenn ich ins Blaue hinein rate und dann vorschlage, wir machen XY anders, dann zuckt sie nur mit den Schultern à la ›Ist mir egal‹. Es ist zum Knochenkotzen.«

Das ist zwar unschön gesagt, aber als Grundaussage nachvollziehbar. »Und habt ihr in einer ruhigen Minute nie darüber gesprochen?«, frage ich nach. »Über ihr Verhalten und dass dich das stört?«

»Pfff!«, zischt Anne verächtlich. »Zigmal, aber sie tut immer so, als wüsste sie gar nicht, von was ich spreche, und dann rege ich mich irgendwann auf, und dann fragt SIE MICH, warum ICH so hässlich zu IHR bin!«

»Puh«, findet auch Jana, »das ist ja elend.«

»Ja«, seufzt Anne, »das ist es wirklich. Ich habe sie wirklich lieb, aber sie kann nicht aus ihrer Haut, und ich ertrage diese Art echt schwer.«

Fehler, die man macht, weil man sich selbst nicht kennt

»Kann ich mir vorstellen«, gebe ich zu, und Anne hält mir einen Apfel hin. »Nein danke«, lehne ich ab, und Anne fängt an: »Gut, wie du meinst. Ich habe ihn zwar extra für dich gekauft, aber wenn du ihn nicht willst! So ein guter Apfel. Und gesund ist er auch noch. Na ja. Schmeiß ich ihn eben weg, ist ja egal – MIR kauft jedenfalls nie jemand einen Apfel ...«

Ich starre Anne fassungslos an. »Was? Was ist denn mit dir los?«

»Nichts? Wieso?«, zuckt sie mit den Achseln und dreht sich weg.

»Haha!«, lacht Jana, die immer dreimal schneller schaltet als ich. »Das ist Anne in Passiv-aggressiv!«

Und Anne grinst: »Genau.«

Wir sind froh, dass Anne nicht passiv-aggressiv ist. Was uns aber sofort zu der Frage bringt, was wir denn sonst so für Macken haben – bekannte wie unbekannte. Es ist wie Flaschendrehen, nur dass man keinen Kuss bekommt, wenn die Flasche auf einen zeigt, sondern eins auf den Deckel. »Ich finde, dass du ...« legt Anne los und sieht Jana dabei entschuldigend an, »ich finde, dass du deine Männer nicht gut behandelst. Also am Anfang schon, wenn du verliebt bist, aber dann ...«

»Ja, das stimmt«, gibt Jana zerknirscht zu, und es ist ihr hoch anzurechnen, dass sie diesmal nicht den schmalen Weg nimmt und einfach allen Männern, die es in ihrem Leben gegeben hat, grenzenlose Blödheit unterstellt (auch wenn da einige Exemplare dabei waren, die das durchaus verdient hätten, zugegeben).

Es ist tatsächlich immer das Gleiche: Jana lernt irgendeinen Mann kennen, den sie toll findet und von dem zu Beginn nur mittels Berufsbezeichnung, Wohnort oder Körpermerkmal gesprochen wird (der Feuerwehrmann/der Hamburger/der Vollbart).

Fehler, die man macht, weil man sich selbst nicht kennt

Innerhalb von wenigen Wochen verknallt sie sich komplett bis über beide Ohren, was man daran merkt, dass derjenige einen Namen bekommt (der Jörg/der Hannes/der Carlo) und sie dieses seligzufriedene Grinsen aufhat. Es folgen ein Urlaub, ein Kennenlernen der Freunde auf beiden Seiten, wir sehen sie seltener, und irgendwann kommt dieser Abend, an dem wir zusammensitzen und die Antwort auf die Frage, wie es mit JörgHannesCarlo so läuft, nicht mehr diesen Schaf-Blick in ihr Gesicht zaubert, sondern Falten auf ihre Stirn. Ab da »läuft es nicht mehr so«. Dann wird alles anstrengend und Jana immer abweisender und am Ende respektlos, und nicht bald darauf erscheint Jana zerknirscht, und es ist vorbei. »Es hat einfach nicht gepasst«, sagt sie dann, macht eine wegwerfende Handbewegung, und es ist nicht ausgeschlossen, dass sie kurz darauf mit einem Blitzen in den Augen erzählt, dass sie da neulich so einen netten Architekten kennengelernt hat.

Lange Zeit ihres Lebens war sich Jana sehr sicher, wer oder was für diese endlose Schleife verantwortlich war, nämlich JörgHannesCarlo. Die offenbarten nach der Verliebtheitsphase plötzlich Seiten, die Jana vorher irgendwie ausgeblendet hatte und die ohne rosa Brille skurril, nervig oder unerträglich waren. Als wäre das ein natürlicher Prozess, so wie man eine Artischocke schält zum Beispiel. Große Freude, schmackhafte Blätter, Genuss ohne Ende – und dann stellt man fest, dass das Artischockenherz haarig ist und blöd schmeckt.

An dieser Stelle sei gesagt, dass das natürlich manchmal so ist. Oder sogar oft. Es gibt Jörge, Hannesse und Carlosse, die auf den ersten Blick umwerfend sind, und je mehr man schält, desto unschöner wird, was da zum Vorschein kommt. »Huch!«, kann es einem da schon mal rausrutschen, und hast du nicht gesehen, sucht man das Weite. Bei Jana allerdings wurde es irgendwann verdächtig, weil dieser Fall IMMER eintrat. Und jetzt könnte man zwar sagen, dass sie einfach einen ausgesprochen schlechten Geschmack oder viel Pech hatte, was die Männerwahl angeht – aber ich habe ja einige der Herrschaften kennengelernt, und so leid es mir tut: Ich bin mir sicher, das waren nicht durch die Bank Vollidioten. »Doch!«, behauptete Jana jahrelang, und dabei blieb es. Bis, ja bis irgendwann sogar ihr schwante, dass sie ganz eventuell vielleicht doch noch einmal nachsehen sollte, ob sie mit ihrer Diagnose richtiglag. Zum einen sehnte sich sogar unsere »Ich kann alles super alleine und brauche niemanden«-Jana nach einer liebevollen Beziehung mit *Tatort* auf dem Sofa und Vertrauen und Beständigkeit und all diesen Dingen, zum anderen geschah etwas ganz und gar Unerhörtes: Einer der Jörge verließ Jana. Und nicht nur das, er tat dies auch auf wirklich unschöne Art und Weise, mit Gebrüll, Türenknallen und jeder Menge Vorwürfen. Und obwohl gerade dieser Jörg der größte Vollidiot von allen war, hatte er doch etwas in unserer Freundin in Bewegung gesetzt. Und dieses Etwas stolperte völlig unkontrolliert in eine fatale Richtung. »Warum mache ich das immer?«, fragte sich Jana plötzlich. »Warum behandle ich die Typen nach einer Zeit immer so kacke?« Und es schwante ihr: »Liegt das vielleicht gar nicht an denen, sondern an mir? Bin ich vielleicht ein … Arschloch?« Von da an lief das Ganze aus dem Ruder, denn sie fing damit an, alle Situationen, in denen sie ungerecht oder gemein oder sonst irgendwie ungut gegenüber ihren Ex-Partnern gewesen war, zu rekapitulieren, und war sich schließlich ganz sicher, dass sie ein Arschloch sei. Es war elend. Die strahlende Jana, unumstrittene

Fehler, die man macht, weil man sich selbst nicht kennt

Königin der gebrochenen Herzen und saufrechen Sprüche, war nur noch ein kümmerlicher Schatten ihrer selbst – der auch noch permanent fragte, ob diese oder jene Äußerung okay wäre oder drüber. Sie stellte ihre ganze Person infrage, denn wenn sie sich schon bei so etwas Entscheidendem wie ihrem Beziehungsmuster über so lange Zeit getäuscht hatte, dann hatte sie sich eventuell in allen anderen möglichen Bereichen ihres Lebens auch getäuscht. Sie konnte sich nicht mehr auf ihr eigenes Urteil verlassen und klopfte jede Regung in ihrem Inneren darauf ab, ob sie sich vielleicht selbst etwas vormachte. Jana hatte noch nie jemanden gebraucht, sie war diejenige, die stets davon überzeugt war, alles wuppen zu können – aber diese Überzeugung verschwand in einem Strom von Tränen, bis nichts mehr davon übrig war. Es war das erste Mal in ihrem Leben, dass sie merkte: Das hier, das konnte sie nicht alleine wuppen – und das jagte ihr eine Heidenangst ein.

Es war nicht mitanzusehen, und es ging ihr schlecht. Das war dann so ein Moment, da ist selbst die geballte Freundinnen-Intelligenz und das liebevollste Nest nicht mehr genug. Wir hatten keine Ahnung, wie wir ihr helfen konnten, es lag schlicht außerhalb unseres Kompetenzbereichs.

Zum großen Glück aller, vor allem Janas, gibt es aber Leute, die sich ganz professionell mit Leuten auskennen und zu genau so einer Person schickten wir sie. Zu einer Eins-a-Psychotherapeutin, die mit den Worten empfohlen worden war, dass sie »klare Ansagen ohne Schnickschnack« machen würde. Und das klang ganz nach Janas Geschmack. Die hatte nämlich im Vorfeld die größten Bedenken: »Wenn ich den Satz höre: ›Hier ist ein Teddy, und nun erzähl mir mal von deiner Kindheit‹, bin ich raus!« Und das klang schon wieder ganz nach der Jana, die wir verloren hatten. Einmal die Woche fuhr sie dorthin, und jedes Mal kam sie verheult, aber deutlich stärker wieder heraus. (Und natürlich hieß es irgendwann: »Nun erzähl mir mal von deiner Kindheit«, und Jana blieb brav sitzen und erzählte.)

Ohne hier die Details darzulegen, kann man das ganze Dilemma in etwa so herunterbrechen: Jana musste einen Tick zu früh auf sich selbst aufpassen, denn die Eltern waren mit anderen Dingen beschäftigt. Wenn Sie den Ausdruck »Helikoptereltern« kennen: Janas Eltern waren das Gegenteil. Mehr so »Katapulteltern«. Sie schossen sie in Jugendjahren in die Weite der Welt und riefen ein herzliches »Toi, toi, toi!« hinterher. Diese Strategie lief so mittel, denn zu Beginn war Jana noch ungeübt darin, sich gegen übergriffige Männer, falsche Freunde und die anziehende Wirkung von Cuba Libre zu wehren. Mit der Zeit wurde sie darin besser, aber es machte sie nach außen hin härter. Um sich vor möglichen Verletzungen zu schützen, physischen wie auch emotionalen, entwickelte sie ein sehr feines Gespür für die Menschen um sich herum und deren Stimmungen – sie behielt die anderen ständig im Auge, man könnte sagen, sie lernte sie *lesen*. Das erklärt auch ihre großartige Fähigkeit, Situationen und Befindlichkeiten anderer schnell zu erfassen – in ihrem Job als Anwältin ist das ein wahrer Segen und macht einen großen Teil ihres Erfolgs aus. Das ist auch so ein Phänomen, oder? Dass man Fähigkeiten, die man als Kind infolge eher widriger Umstände entwickelt hat, einfach nur um zu überleben, später als eine Art Spezialkraft nutzen kann: Vielleicht musste man eine traurige Mutter zum Lachen bringen oder man durfte unter keinen Umständen auffallen, vielleicht musste man sich aufgrund von zu vielen Ortswechseln als Kind schnell anpassen lernen

Fehler, die man macht, weil man sich selbst nicht kennt

oder man musste Geschichten erfinden, um zu verschleiern, was zu Hause tatsächlich passierte. Alles unschöne Dinge, zweifellos. Aber aus solchen Geschichten werden dann große Comedians, die die Leute zum Lachen bringen, Geheimagenten, die nicht auffallen, Nothelfer für große Firmen, die überall eingesetzt werden können, weil sie sich sofort überall zurechtfinden, oder brillante Verkäufer, die einem glaubhaft versichern können, dieses Auto habe noch nie irgendeinen Unfall gehabt.

Für Jana war es jedenfalls immens wichtig – als Kind und Jugendliche überlebenswichtig –, alles jederzeit unter Kontrolle zu haben. Solange sie die Kontrolle über alles hatte, konnte ihr nichts passieren, und sie war sicher. Jegliche Art von Kontrollverlust ist für sie bis heute der pure Horror, und das zieht sich durch alle Lebensbereiche. Ohne dass ihr das vorher aufgefallen wäre, verliebte sich Jana auch immer zuverlässig in Männer, die ihr nicht ganz gewachsen waren – und die sehr, sehr verliebt in sie waren. In der ersten Rosa-Wolken-Zeit war Jana in ihrer Verliebtheit die zauberhafteste Partnerin, die man sich nur vorstellen kann, und die armen Teufel konnten ihr Glück kaum fassen. Das ist der Moment, an dem romantische Filme in der Regel enden. In der Fortsetzung aber, das haben wir jetzt schon klar, kommen die jeweiligen Kindheitstraumata dann an die Oberfläche und es wird – schwierig. Diese alten Dinge, die wir so mit uns rumschleppen, kommen zuverlässig immer wieder: Wenn die erste Aufregung vorbei ist und wir uns etwas sicherer fühlen, kommt unsere Psyche angewackelt mit den ollen Kamellen, ob man die mal nicht langsam angehen könne. Und zack! – hat man den Salat.

In Janas Fall setzt sich jedes Mal ein Zug in Fahrt, der darauf aus ist, den jeweiligen Mann an ihrer Seite »im Griff« zu haben. Sie braucht als Sicherheit das Gefühl der Kontrolle – nicht so wie diejenigen, die von Eifersuchtsattacken geplagt werden und die immer wissen müssen, wo der andere mit wem ist und über was gesprochen wird, sondern Kontrolle im Sinne von »die Oberhand behalten«. Solange sie die Chefin in der Beziehung ist, ist sie sich sicher, dass sie nicht verlassen werden würde. Das versucht sie unter anderem dadurch, dass sie den Mann an ihrer Seite kleinhält. Dieses Kleinhalten oder Runtermachen kommt in den verschiedensten Formen daher:

- Sie zweifelt seine Einschätzung oder Meinung an, und wenn er eine Suppe kocht, auch die Art der Zubereitung, die Menge der verwendeten Gewürze und die Existenzberechtigung von flüssigem Essen generell.
- Sie gibt zu verstehen, dass ihre Freunde besser seien als seine.
- Die Ex-Freunde seien erfolgreicher und souveräner gewesen oder hätten besser ausgesehen.
- Sie erinnert ihn an selbstverständliche Dinge.
- Es regnet Vorwürfe, warum er dieses oder jenes nicht schon längst erledigt habe.
- Sie kritisiert seinen Kleidungsstil, seinen Fahrstil und die Haare könnte er auch anders tragen – zumindest stünde ihm die Frisur von XY sicher extrem gut.
- Seine Ex-Freundinnen seien natürlich eine Katastrophe …
- … von seiner Familie ganz zu schweigen,
- und die große Karriere habe er auch nicht gerade hingelegt, was?

Fehler, die man macht, weil man sich selbst nicht kennt

Das alles sagt sie nicht immer direkt, sondern lässt es wie einen nicht enden wollenden Nieselregen aus wohlplatzierten Spitzen stetig auf ihren jeweiligen Mann einwirken – bis derjenige völlig durchnässt, um bei dieser Metapher zu bleiben, sich tatsächlich klein fühlt. Jetzt kann man natürlich einwerfen, dass das eine ganz schön beknackte Strategie ist, denn sogar von hier aus kann man erkennen, dass der Weg zum Glück so schon mal ganz sicher nicht aussieht. Aber so ist das mit den alten Traumata, die man mit sich herumschleppt: Das sind ja keine wohlüberlegten, ausgereiften Konzepte, die man ausgearbeitet hat und die man sich dann noch mal ansieht und dann beschließt: Jepp! DAS ist eine ganz hervorragende Art und Weise, mit meinen alten Wunden umzugehen!

Im Gegenteil: Das sind ganz alte, verworrene Verbindungen, die wir vor langer Zeit geknüpft haben, und zwar weil es zu einem früheren Zeitpunkt in unserem Leben durchaus Sinn machte (und oft nicht nur den eigenen Arsch, sondern auch das Leben oder die psychische Gesundheit rettete). Inzwischen liegen diese Verbindungen und Muster und Verhaltensweisen irgendwo in unserem Hinterhirn im Dunkeln, und wir haben meist gar keine Ahnung, dass sie da sind – bis wir dann über sie stolpern wie über Zeltschnüre nachts am Campingplatz, weil wir SCHON WIEDER irgendetwas machen/nicht machen/falsch machen. »Das ist wirklich ein beeindruckender Fehler«, findet Anne, als wir drei im Zuge der Buchentstehung über unsere und Janas Fehler sprechen. »Was daran soll da nur gut sein? Wie soll man solche Fehler lieben? Die vermiesen einem doch mal so richtig das Leben!«

Fehler, die man macht, weil man sich selbst nicht kennt

Aber Jana schüttelt den Kopf: »Das war der beste Fehler meines Lebens. Ohne ihn wäre ich nie draufgekommen, was bei mir ständig falsch läuft.«

»Er war sozusagen nützlich zum Erkenntnisgewinn?«, frage ich nach.

»Ja. Ich bin daran gewachsen, besser geht es doch nicht.«

Und wo sie recht hat, hat sie recht. Weiter- und ausgegangen ist die Geschichte von Jana übrigens bestmöglich, falls Sie sich fragen. Nicht, dass sie plötzlich eine wundersame Wandlung durchlaufen hätte und nun ihre alten Muster plötzlich gänzlich losgeworden wäre – aber sie liegen nicht mehr so im Dunkeln, ganz so, als hätte die Therapeutin ihr eine Taschenlampe in die Hand gedrückt. Und weil sie jetzt weiß, wo sich die Zeltschnüre befinden, kann sie den neuen Mann an ihrer Seite auf diese aufmerksam machen, und sie versuchen aktuell gemeinsam und Hand in Hand, vorsichtig darüber hinwegzusteigen. »Das erste Mal ›zu zweit darübersteigen‹ schlägt ›alleine drüber fallen‹ um Längen!«, finde ich, und eventuell ist das ein hervorragender Anfang – und ganz eventuell ist das gar nicht Janas Geschichte, sondern meine, die ich ihr in den Mund gelegt habe, weil es für meine Verletzlichkeit ein bisschen viel verlangt ist, Ihnen das zu erzählen.[16]

---

[16] Wenn ich an dieser Stelle ein paar Lanzen für die Psychotherapie brechen dürfte: eine wunderbare Sache. Vielen Dank an dieser Stelle an meine Therapeutin, der ich während unseres ersten Gesprächs sagte: »Ich brauche nur ein paar Anleitungen. Keinen Kindheits-Familien-Scheiß, ich will eine Liste mit Dingen, die ich machen muss, am besten zum Abhaken – vielleicht eine Excel-Tabelle?« Sie lachte nur, und als ich fragte, »Das ist nicht gut oder?«, sagte sie: »Es ist nicht gut oder schlecht – es ist, wie es ist.« Das war der Moment, in dem ich mit den Augen rollte und wusste: Das hier wird mir so richtig auf die Nerven gehen. Und das tat es auch. Trotzdem eine wunderbare Sache.

Fehler, die man macht, weil man sich selbst nicht kennt

Mit Sicherheit haben Sie auch eine Geschichte, vermutlich ist Ihre etwas oder komplett anders. Jeder hat eine Geschichte – manche kommen mit ihren Geschichten besser zurecht, manche weniger gut, und für manche bleiben die Geschichten für immer im Dunkeln. Wie wir gestrickt sind, hängt an diesen Geschichten, wie wir gestrickt sind, ist aber auch dafür verantwortlich, wie wir mit ihnen umgehen können. Manche tun sich schwerer, manche leichter, aber auf alle trifft dieser wunderbare Satz zu, den ich am liebsten gestickt auf einem Kissen hätte, so schön ist er:

> *The monster I created
> to protect me when
> I was a child
> is sometimes hard
> to manage.*[17]

Fehler helfen uns, uns besser kennenzulernen, auch wenn wir nicht immer mit dem einverstanden sind, was wir da kennenlernen.

---

[17] Den Satz hat ein US-amerikanischer Comedian, Marc Maron, in einem seiner Programme gesagt, und ich liebe beide.

FEHLER, DIE GAR KEINE SIND
(VON DENEN MAN ABER SELBST DENKT, ES SEIEN WELCHE)

Wenn man einmal in so einer Therapeutenbude sitzt, geht einem ja im besten Fall nicht nur ein einziges Licht auf, sondern es ploppen gleich jede Menge Laternen an. Von einem besonders hellen Schein am geistigen Firmament möchte ich Ihnen noch erzählen, denn wenn es irgendjemanden dort draußen gibt, der diese Erkenntnis auch nur annähernd so zu schätzen weiß wie ich, dann ist es das locker wert, dass der Rest der Bande ein paar Seiten überblättern muss:

Ich weiß nicht, wie es Ihnen ergangen ist in den letzten turbulenten Jahren, aber mir waren sie einen Tick zu turbulent. Turbulent im Sinne von aufreibend, anstrengend, unberechenbar und überwältigend. Und überwältigend ist mitnichten positiv gemeint. Schlimmer noch, die Gegenwart sieht nicht viel besser aus, und auch die Zukunft scheint weiterhin aufreibend, anstrengend, unberechenbar und überwältigend zu bleiben, und sagen Sie, was Sie wollen, ich find's mittel. Wäre dies ein Theaterstück,

Fehler, die gar keine sind

würde ich sagen, es hat deutlich zu viel Drama (von der Darbietung der Darsteller fangen wir gar nicht erst an). Es gibt Tage, da möchte ich am liebsten gleich zu den Frühnachrichten einen Schnaps trinken, das sind die guten; an den schlechten schalte ich sie lieber gar nicht erst an, da nehme ich nur den Schnaps.

Und das sind nur die Dinge, die von außen an einen herangetragen werden. Dazu kommen noch diese ganzen Unannehmlichkeiten des eigenen kleinen Lebens: das Scheitern, die Geldsorgen, die alten Eltern, die Zukunft des Kindes, ein epochaler Streit mit jemandem, den man liebt, Ziele, die nicht erreicht werden, die Schwangerschaft, die nicht eintreten will, oder die Krankheit, die man sich nicht ausgesucht hat. Es gibt Phasen, die sind schwer auszuhalten, und es nützt nichts und niemandem, wenn man sich an dem Gedanken festzuhalten versucht, es könnte alles noch viel schlimmer sein.

Manchmal liegt es an irgendeinem dieser Gedanken, und manchmal geht es auch ganz ohne, nämlich: schlecht. Manchmal ist die Welt zu groß, oder ich bin zu klein – und das passiert immer wieder.

Dann gehen mir diese ganzen Sprüche über positives Denken und die Motivationscoaches mit ihrem »Glück ist eine Entscheidung« richtig auf den Sack. Als gäbe es nun zusätzlich noch etwas, das ich nicht hinbekomme, abgesehen von dem ganzen Rest, nämlich mich selbst am eigenen Schopf aus dem Schlamassel zu ziehen. Lächelnd natürlich. »Aufstehen, Krone richten und weitergehen!«, empfiehlt mir irgendein Facebook-Spruch, und ich kann gar nicht so weit mit den Augen rollen, wie ich möchte, denn sonst würden sie mir nach hinten in den Kopf fallen. »Du musst ja auch gar nicht aufstehen«, sagt die Therapeutin und lächelt mich dabei freundlich an. »Manchmal geht es uns eben schlecht.«

»Ja, aber …«, stammele ich und fuchtle mit den Armen in der Luft herum. »Das ist doch … schlecht!«

»Es ist nicht gut oder schlecht. Es ist, wie es ist«, sagt die Therapeutin und lässt damit meine Idee platzen, dass sie diesen Umstand reparieren könnte, und zwar in den nächsten 60 Minuten. Dafür wäre ich nämlich da. Im Fahrstuhl nach unten äffe ich sie in Gedanken nach: *Es ist, wie es ist, bla, bla, bla* – und fragte mich, ob ich das Geld für diese Stunde nicht besser in Karamell-Frappuccinos hätte investieren sollen. Aber noch auf dem Nachhauseweg, als ich an der großen Buchhandlung in der Fußgängerzone vorbeikomme, ändert sich etwas. Dort, im Schaufenster auf Tischchen verteilt und in Unmengen ausgebreitet, liegen all diese bunten, fröhlichen Bücher mit den knalligen Schriften, die einem auf verschiedenste Art versprechen, die eigene Psyche in einen Ort wohliger Glückseligkeit zu verwandeln, wenn man sie denn nur lesen würde. Oder zumindest kaufen. Ich müsse lediglich denken wie ein Buddha oder Blockaden aus dem Weg räumen oder mir überlegen, ob ich nicht meinen Beruf wechseln wolle. Und meditieren natürlich. Meditieren müsse sein. Zumindest Yoga! Oder Pilates (was, wenn ich das richtig verstehe, das Gleiche ist wie Yoga, aber für Atheisten). »Fuck«, murmele ich vor mich hin und komme gleich noch einen Ticken schlechter drauf als eh schon. »Es ist, wie es ist«, höre ich da in meinem Hinterhirn die Stimme der enervierend freundlichen Therapeutin, und noch vor dem Schaufenster ändert sich etwas Grundlegendes: Der Satz *Es ist, wie es ist* befreit sich von der Schwere, der Hoffnungslosigkeit und der verzweifelten

(von denen man aber selbst denkt, es seien welche)

Aussichtslosigkeit und verwandelt sich in sein Gegenteil. Eine leichte Stimmung, die einem auf die Schulter klopft: *Es ist, wie es ist* – so wie in: *Ist alles ganz normal, mach dir nichts draus, es geht auch wieder vorbei, Küsschen!* »Oh«, mache ich innerlich und: »Ach so.« Und damit stürzt in meinem Inneren ein riesiges, wackeliges Gerüst ein, das ich mit Ach und Krach versucht habe zu stützen, bestehend aus verschiedenen »Stell dich nicht so an« und »Jetzt reiß dich mal zusammen« sowie »Zähne zusammenbeißen« und der Mist mit dem »Krone richten« ist auch dabei. Jede Menge *Liebe dich selbst*-Artikel und *Wege zum Glück*-Ratgeber haben das Ganze zu stabilisieren versucht, und um die brüchigsten Pfeiler war eine buddhistische Gebetsfahne gewickelt. »Und, wie geht's?« Diese Frage konnte ich mit einem Blick auf das wackelige Gerüst dann immer noch mit »Na ja, geht schon« beantworten, »muss ja«.

Damit ist jetzt Schluss, und das ist herrlich befreiend. Die Kraft, die es mich gekostet hat, dieses Gerüst einigermaßen aufrechtzuerhalten, ist nicht mehr nötig, die Anstrengung fällt weg, und inmitten der Überreste stelle ich völlig erstaunt fest: muss gar nicht!

Und daraus erheben sich zwei strahlend helle Sätze in Schönschrift und Gold und mit allem, was dazugehört:

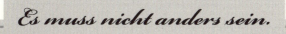

---

18 Grafik: Milano M/Shutterstock.com

Und:

> *Ich muss nichts tun.*

Allein diese beiden popeligen kleinen Gedanken bewirken, dass mich außer dem *Schlechtgehen*, das ja nach wie vor da ist, ein recht entspanntes *Ist halt jetzt so* nach Hause begleitet. Und ich tue weiterhin all die Dinge, von denen ich weiß, dass sie mir guttun, nämlich Sport, kochen, Gartenarbeit und mich mit den Freundinnen treffen, aber nicht, um mich endlich besser drauf zu bringen, sondern um uns beide zu pflegen, mich und mein *Schlechtgehen*.

Als ich jüngst so unschön verlassen wurde und die Welt nicht mehr verstand, tat ich all das, ich ging ich mit dem Kind baden, lag in der Sonne, wir fuhren in den Urlaub und es kostete mich nicht das kleinste bisschen Anstrengung, denn ich versuchte nicht, anders zu fühlen oder einen anderen Eindruck zu machen, ich fühlte mich nicht schuldig oder ungeduldig, ich hatte nicht mal Selbstmitleid oder das Bedürfnis nach Trost in Form von Alkohol, Rache oder Schimpftiraden. Ich war gelassen. Es ging mir gelassen schlecht.

Und irgendwann wurde es dann besser.

Seit dieser Erkenntnis ist *schlecht gehen* zwar immer noch viel unbeliebter bei mir zu Hause als *gut gehen*, aber ich sehe diesem *Schlechtgehen* mehr zu, als dass ich darin versinke. Es ist nicht schlimm. Es ist, wie es ist. Ich muss nichts tun.

(von denen man aber selbst denkt, es seien welche)

Ich muss nicht:

1. Das Ganze positiv sehen

   »Es wird schon etwas Gutes dran sein«, »Wenigstens scheint heute die Sonne!« oder wenn man eine Absage für einen Job oder von einem Lebenspartner bekommen hat: »Die sind selbst schuld, da wartet noch etwas viel Besseres!«
   Bullshit!

2. Verdrängen

   »Ach was, von wegen schlecht gehen, ich mache jetzt XY, dann denke ich da nicht mehr dran.« Das Blöde: Es ist inzwischen wissenschaftlich bewiesen, dass Verdrängen nicht nur höllisch anstrengend ist, sondern dass Emotionen, die wir unterdrücken, sich sogar noch verstärken! Was nicht raus darf, wird größer!

3. Runterspielen – »Ach, so eine große Nummer ist das auch wieder nicht, nicht so schlimm« – ist ein absoluter Killer. Man beschäftigt sich nicht damit, was einen stört, wo es wehtut und vor allem warum – was die Möglichkeit eröffnen würde, Dinge zu ändern, sondern klebt einfach ein Heftpflaster drüber. Es ist leichter, an oberflächlichen Einstellungen zu schrauben, als einem Gefühl nachzugeben – aber es führt halt auch zu nichts.

4. Mich vor anderen Leuten verstellen

   Das ist das Anstrengendste von allem, oder? Und noch dazu, wie wir bei der Verletzlichkeitsnummer gesehen haben, ziemlich sinnlos. Stellen Sie sich vor, Sie haben mit jemandem zu tun, der permanent positiv gestimmt ist und mit allen Problemen super allein klarkommt – oder gleich gar keine hat. Wie einem so jemand auf die Nerven geht! Wenn wir uns so verhalten, ist das nicht nur kräftezehrend, es bringt auch niemandem etwas: So kommt keine Verbindung zustande und keine emotionale Unterstützung. Im Gegenteil: Weil man nicht offen spricht, kommt man sich gleich noch viel einsamer vor, und in einer Art Teufelskreis traut sich daraufhin das Gegenüber auch nicht, offen und authentisch zu sein, und es wird komisch – bis das Ganze in oberflächlichem Unwohlsein krepiert.

Das alles muss ich nicht tun, scheiß auf positives Denken, es ist, wie es ist.

Passenderweise ist vor Kurzem ein recht schönes Graffiti in meinem Viertel aufgetaucht, das will ich Ihnen nicht vorenthalten:

Es ist okay,
nicht okay zu sein.

(von denen man aber selbst denkt, es seien welche)

Dieser veränderte Blickwinkel macht sich nicht nur bei den ganz großen Dramen bezahlt, sondern hilft auch bei kleinen Dingen, nämlich wenn ich bemerke, dass ich mich gerade unwohl fühle – was relativ leicht passiert. Wenn es schlecht geht, ist das kein Fehler, also muss man auch nicht Himmel und Hölle in Bewegung setzen, um ihn auszumerzen – was dann eh nicht funktioniert, weswegen man gleich noch ein bisschen schlechter draufkommt. Generell: Der Versuch, Emotionen, die man hat, weil man so oder so ist, als unerwünschte oder störende Faktoren beseitigen zu wollen, ist sowohl anstrengend als auch völlig aussichtslos. In jeder Menge Situationen, vornehmlich in solchen, in denen Menschen beteiligt sind, die ich nicht oder nicht sehr gut kenne, fühle ich mich immer ein bisschen unsicher, und leider, leider liegt das nicht an den anderen Menschen, sondern ausschließlich an mir. Völlig neidisch blicke ich auf diejenigen, die ohne Scheu, entspannt und ganz sie selbst auf andere Leute zugehen können. Sie sind interessiert, freundlich, entdecken Gemeinsamkeiten, und wenn ihnen gefällt, was sie sehen, stellen sie im Nullkommanichts eine Verbindung her. »Sehr nett« seien der Dings oder die Bums, heißt es dann. Manchmal kann ich das auch. Das sind die guten Tage. Aber manchmal, und das kommt relativ häufig vor, eben nicht. Denn manchmal fühle ich mich wie eine wandelnde Enttäuschung. Ich kenne zwar außer meinem Freund Ole niemanden, der täglich seine eigene Existenz bejubelt, aber irgendwie hat sich der Anspruch eingeschlichen, dass es so sein sollte. Und wenn nicht, hat jemand in Selbstliebe nicht gut genug abgeschlossen!

Fehler, die gar keine sind

Selbstliebe – »Du bist genug, also zumindest gut genug, du bist es wert, Liebe und Respekt zu bekommen, du darfst ›Nein‹ sagen und wirst trotzdem gemocht, du bist wunderbar« – es gibt Phasen, da ist das alles leeres Gewäsch. Da kommen noch so viele Ratgeber und Post-its mit motivierenden Sprüchen am Badezimmerspiegel nicht gegen sie an: Selbstzweifel. Mir kommt es so vor, als wären sie ein bisschen wie unliebsame Verwandte: Sie gehen einem auf die Nerven mit ihrem Gelaber, man kann versuchen, sie zu ignorieren, oder sich mit ihnen herumplagen – aber sie bleiben doch ein Teil der Familie, unliebsam hin oder her. Und dann leidet man nicht nur an Selbstzweifeln, sondern kann sich obendrein noch ein bisschen dafür hassen, dass sie überhaupt da sind und man es nicht fertigbringt, positiver, glücklicher und zufriedener zu sein, VERDAMMT NOCH MAL!

Nachdem sich dieses Betrachten des *Schlechtgehens* – statt es auf Teufel komm raus ändern zu wollen – als so ein großer Bringer herausgestellt hat, liegt die Idee nahe, das Gleiche mit dem *Unwohlsein* zu machen.

Die erstbeste Gelegenheit dafür ist ein Abendessen mit den neuen Nachbarn von unten. Sie sind erst vor Kurzem eingezogen, unsere Kinder sind im gleichen Alter und sie stellten sich irgendwann so freundlich vor, dass ich sie reflexartig zum Abendessen einlud. Also in diesem Moment kurz vor dem Moment, in dem mir einfällt, dass ich nicht gesellig bin und mich in Anwesenheit von Leuten, die ich nicht oder nicht gut kenne, schnell mal unwohl fühle. Dementsprechend aufgeregt bin ich dann auch, als der Abend näher rückt, und ich muss dem dringenden Verlangen widerstehen, nicht einfach noch ein paar Leute einzu-

(von denen man aber selbst denkt, es seien welche)

laden, die ich sehr gut kenne, einfach um die Mischung mit den Unbekannten etwas zu verwässern (alter Trick). Auch ein alter Trick: Alkohol. Also gibt es direkt zur Begrüßung für alle ein Glas Cava und für mich gleich noch eins. Wer an dieser Stelle den Zeigefinger hebt und ansetzt zu: »Alkohol ist aber keine Lösung!«, dem sei gesagt: Kein Alkohol ist auch keine Lösung, und Cava ist ein tolles Getränk.

Über einen halben Abend lang läuft es erstaunlich locker, schließlich gibt es auch jede Menge Dinge zu erfragen, und auf allen Seiten wird viel gelächelt, aber irgendwann ist es auch gut mit Small Talk, die Fakten sind ausgetauscht, die Teller leer gegessen, und die Kinder spielen längst im Kinderzimmer. »Kaffee?«, frage ich, und die beiden nicken: »Gerne.« Als wir mit dem Kaffee am Tisch sitzen, muss ich an die Therapeutin denken, an ihre freundliche Stimme und ihr sorgloses »Es ist, wie es ist« und ich stelle fest: Es ist sogar recht deutlich, wie es ist, nämlich *unwohl*. Aber jetzt noch mehr oberflächliche Small-Talk-Themen rauszukramen, kommt mir so anstrengend vor, außerdem möchte ich gerne, dass mich die beiden mögen, und ich erwische mich dabei, wie ich versuche, einen guten Eindruck zu machen – was ein ziemlich sicherer Weg ist, keinen guten Eindruck zu machen. Zumindest keinen authentischen. Bevor es zu still wird, rettet uns die neue Nachbarin, indem sie mir ihre Hochzeitsfotos zeigt – die beiden haben erst vor Kurzem geheiratet und sind immer noch ganz beseelt von dem Event. Die Nachbarin sieht auf den Fotos atemberaubend aus – ihre Eltern wanderten in jungen Jahren aus Malaysia ein, und sie hat diese schwarzen Augen, glänzendes schwarzes Haar und eine dunkle

Hautfarbe, auf dem ihr knallrotes Sari-Hochzeitskleid unfassbar schön aussieht. Ich bin ehrlich begeistert, und die beiden sind sehr glücklich, während sie erzählen und den Moment teilen – und da ist mir ein bisschen weniger unwohl.

Als die Nachbarin schließlich nach den Kindern im Kinderzimmer sieht, fasse ich mir ein Herz: »Das ist so schön, dass ihr mir das zeigt, und deine Frau ist so reizend. Ich bin immer etwas neidisch, wenn jemand so herzlich und offen auf Leute zugehen kann, ich tue mir da eher schwer mit.« Zack, ist es raus. Ich hab's gesagt. Das ist irgendwie – erleichternd.

»Echt?«, sieht mich der Nachbar erstaunt an, »das merkt man gar nicht!«

Ich nicke: »Ja, ich kann das 'ne Zeit lang ganz gut überspielen, aber in echt find ich's schwierig.«

Da lacht er. »Lustig, mir geht es auch so. Meine Frau ist bei uns die Außenministerin, die hat das drauf, aber ich eiere da auch eher rum. Man weiß einfach nicht, wie man von Blabla auf ernstere Themen umsteigen soll. Oder wann! Oder ob überhaupt!«

»Ja! Genau!«, stimme ich zu, und wir haben, und das finde ich wiederum ziemlich lustig, unser Unwohlsein als Gemeinsamkeit entdeckt und fühlen uns somit jetzt weniger unwohl.

»Manchmal ist es am besten, wenn man den Elefanten im Raum benennt«, hat mal jemand Schlaues gesagt, und vermutlich hatte diese Person damit recht.[19] Und während der Nachbar

---

19 Falls Sie das noch nie gehört haben und sich fragen, was das jetzt mit dem Elefanten soll: Es ist eine Metapher. Der Elefant im Raum steht für ein völlig offensichtliches Problem (unübersehbar, so ein Elefant in einem Zimmer), das aber von niemandem angesprochen wird, aus Angst vor einem Tabubruch, aus Angst davor, ein Fass aufzumachen oder politisch unkorrekt zu sein, oder aus Pietät oder so etwas.

(von denen man aber selbst denkt, es seien welche)

und ich über unsere mittelgute Sozialkompetenz plaudern, stellt sich sogar ein klein bisschen Komplizenschaft ein, eine wunderbare Form der Verbundenheit.

Nach diesem Abend habe ich nicht das Gefühl, das sich sonst oft einstellt, wenn die Gäste gegangen sind: *Hurra, ich habe es überstanden!* Sondern es war ein erfüllter Abend, und ich schwelge noch etwas in der schönen Stimmung, als die Nachbarn weg sind.

Ich fühle mich in Gegenwart unbekannter Leute schnell mal unwohl. Ist das ein Fehler? Nein! Es war ein Fehler, mich dafür selbst zu verachten und dass ich jahrelang etwas daran ändern wollte. Es ist, wie es ist, und wenn ich zu diesem Teil von mir stehe, bin ich authentischer – und fühle mich weniger unwohl. Es ist wie ein Teufelskreis, aber ein positiver Teufelskreis. Egal, in welcher Hinsicht Sie nicht perfekt sind oder so, wie Sie gerne wären: Es ist, wie es ist. Und das ist schon völlig okay so.

> *Es gehört dazu, dass es einem manchmal schlecht geht. Das ist kein Fehler, sondern ganz normal.*

FEHLER,
DIE GAR KEINE SIND
(VON DENEN ANDERE DENKEN, ES SEIEN WELCHE)

Der letzte große, um nicht zu sagen epochale, Fehler, den ich in den Augen von jemand anders gemacht habe, war, einen Kater bei uns zu Hause aufzunehmen. Und die Augen, in denen dies ein Granatenfehler war, sind die von unserem Hund Schmitz. Ja, auch Tiere können einen sehr deutlich spüren lassen, wenn man ihrer Meinung nach einen Fehler begeht. Als ich das kleine, rote Häufchen Fell nach Hause brachte, also noch in dem Moment, als ich die Tür öffnete und es in meiner Hand maunzte, sah mir der Hund mit leicht gesenktem Kopf tief in die Augen: »Das ist nicht dein Ernst, oder?«, sagte sein Blick, und zwar sehr, sehr deutlich.

Und so geht das jedes Mal: Wenn der Kater im Hundebett schläft, steht Schmitz mit gesenktem Kopf davor und sieht mich mit genau diesem Ausdruck an, und auch wenn der Kater während seiner verrückten fünf Minuten kreuz und quer durch das

Haus schießt. Der Kater fliegt und springt durch unser Blickfeld, aber der Hund und ich halten diesen langen, kommentarlosen Blickkontakt, vorwurfsvoll aus seiner Richtung, entschuldigend aus meiner.

In echt ist der Kater natürlich überhaupt kein Fehler, er ist mit das Lustigste, was mir seit Langem untergekommen ist – aber jemand anders befindet ihn als solchen. Das geht mit einigen anderen Dingen auch so …

An dieser Stelle sei gesagt: Ich bin kein großer Fan von der Lebensweisheit »Es ist egal, was andere über dich denken« und allen Derivaten hiervon. Was andere Leute denken, kann einem einen Blickwinkel eröffnen, den man vorher nicht hatte, ihre Perspektive kann einen bereichern, ein Hinterfragen kann sogar dabei helfen, dass die eigene Haltung deutlicher wird – kurz, ich gewinne durch die Meinung anderer Leute mehr, als ich verliere. Allerdings, und das ist ein wichtiges Detail: Mit »die Leute« meine ich nicht jeden dahergelaufenen Troll, der meint, mir erklären zu müssen, was genau an mir überhaupt nicht in Ordnung gehe. Ich halte es da mit einem Zitat, das (fälschlicherweise vermutlich) Morgan Freeman zugeschrieben wird: »Nimm keine Kritik von Leuten an, die du nicht von dir aus um Rat fragen würdest.« Das ist nahezu eine Überlebenstechnik, denn ungebetene Ratschläge hagelt es ja öfter als – Hagel. *Iss dies und nicht das, so flirtest du richtig, lass das Kind bloß nicht in eurem Bett schlafen und mach diesen Sport gegen Haltungsschäden* (»Aber ich habe doch gar keine Haltungsschäden!« – »Bekommst du aber, wenn du diesen Sport nicht machst, wirst schon sehen!«). Ich frage mich ja schon manchmal, ob auch nur einmal ein Raucher im Angesicht eines belehrenden »Da bekommst du Krebs von!« erschrocken den Glimmstängel fallen gelassen hätte: »Waaas? Im Ernst? Und das sagst du mir erst jetzt?«

Nun ja.

Kritik von Leuten hingegen, die ich durchaus um Rat fragen würde, nehme ich sehr wohl an – und das hat mich schon vor der Adoption eines ganzen Wurfs junger Wolfshunde, einer Bürgschaft für einen spielsüchtigen Bekannten und mehreren knallbunten Cocktailkleidern bewahrt (wir sprachen davon). Trotzdem gibt es ein paar Entscheidungen, die gegen die Bedenken aller meiner Lieben gefällt wurden. Das Pferd, zum Beispiel. Die Sachlage im Fall »Pferd« war relativ überschaubar:

1. Ich will eins.

2. Ein Pferd beschert einem einen Haufen Kosten, Arbeit, verschlingt Unmengen an Zeit und bringt auch sonst jede Menge Unannehmlichkeiten mit sich – andere Pferdehalter zum Beispiel, sofern sich dieses Pferd in einem Stall befindet, was es automatisch tut, wenn man nicht zufällig ein Gestüt sein Eigen nennt.

3. Was ich nicht habe, ist Geld für Extraausgaben, Zeit, Bock auf Unannehmlichkeiten sowie ein Gestüt.

Ergo: Das Pferd ist keine gute Idee. Vielleicht später. So argumentierten meine Freundinnen und der Ex-Mann. Jedes »Ja, aber …« konnte mit diesen simplen Fakten außer Kraft gesetzt werden.

Ähnlich lief es damals mit dem Job in der Werbebranche:

(von denen andere denken, es seien welche)

1. Ich will ihn nicht mehr machen, sondern nur noch schreiben.

2. Ich brauche aber das Einkommen.

3. Der Job fällt mir leicht, ich könnte aufsteigen, er ist mir sicher, und in die Tasten hauen kann man schließlich in der Freizeit auch noch.

Ergo: Zu kündigen war keine gute Idee. Vielleicht später.
Mit all dem hatten sie natürlich recht. Es ist auch nicht so, dass ich auch nur eins dieser Argumente hätte wegzaubern können. Aber es gibt ein Detail, einen Fakt, der in dieser Argumentationskette nicht vorkommt, einfach weil alle außer einem selbst keinen Zugang zu ihm haben, und das ist die innere Dringlichkeit. Sei es eine positive (Pferd) oder eine negative, dann nennt man es auch Leidensdruck (Job). Und dieser Faktor allein kann eine Waage in ein Katapult verwandeln. Es ist auch der einzige Faktor, den niemand außer einem selbst bewerten kann:

1. Wie groß ist die Freude über und an dem Pferd?

2. Wie dringend ist der Wunsch, dieser beknackten Werbebranche den Rücken zu kehren?

In beiden Fällen war die Antwort: groß! Und dieses »groß!« stach alles, so ähnlich wie der Eichel-Ober beim Schafkopf.[20]

---

20 Liebe bayrischen Kartenspieler: Ich weiß, dass der Eichel-Ober »der Alte« heißt. Ich wollte lediglich Irritationen vermeiden, wenn Menschen, die im Schafkopf nicht firm sind, versuchen, irgendeinen Bezug herzustellen. Obwohl – jetzt, wo ich es so sage, ist »Eichel-Ober« eventuell auch ... ach, egal.

Und so passierten unter den hochgezogenen Augen meiner Lieben zwei Dinge ziemlich zeitgleich: Ein wunderschönes Pferd, das eine neue Besitzerin suchte, fand mich, und der Job, den ich so lange gemacht hatte, wurde hingeschmissen. Die Kombination aus beidem, besonders die Kombination der Fakten »ein Haufen Extrakosten« und »kein festes Einkommen mehr« schienen auf den ersten Blick erstaunlich unvereinbar, aber wir haben es irgendwie hinbekommen, das Pferd, das Schreiben und ich. Und auch das war ein wirklich erhellender Moment: Freunde, auch wenn sie davon überzeugt sind, dass man gerade einen Fehler macht, hoffen trotzdem darauf, dass sie sich täuschen und alles gut ausgeht. Die anderen verfolgen mit Neugier, ob sie mit ihren Vorhersagen nicht doch recht behalten, und man hat den Eindruck, ein bisschen würden sie sich darüber schon freuen.

Die große Frage ist natürlich: Wäre es ein Fehler gewesen, hätte es nicht funktioniert? Wäre es nicht! Denn es ist tausendmal befriedigender, etwas versucht zu haben und gescheitert zu sein, als es gar nicht erst zu versuchen. Auch wenn das heißt, dass man beim ehemaligen Chef zu Kreuze kriechen muss.

Was andere als Fehler ansehen, kann für einen selbst der ganz große Wurf sein.

FEHLER, DIE WIR NICHT BEGANGEN HABEN

»Stell dir nur vor, ich hätte damals Hannes geheiratet!«, verdreht Jana die Augen, als wir im Café Einstein über Fehler plaudern, die wir *nicht* begangen haben. »Ich säße heute in Hinterdummelsbach und würde mich zu Tode langweilen!«

Ich erinnere mich dunkel, dass es mal einen Hannes in Janas Leben gab. »Hat der nicht bei einem Fahrradverleih gearbeitet? So ein Hübscher? Der irgendein komisches Musikinstrument gespielt hat? Was war das noch gleich … Dudelsack? Megafon?«, überlege ich, aber Anne kann sich besser erinnern: »Didgeridoo! Das war ein Didgeridoo!«

Klar, dass unsere Esoterik-Anne sich da dran erinnert. Didgeridoos, wenn Sie die gerade nicht parat haben, sind bis zu 2,5 Meter lange hohle Holzröhren, ursprünglich aus Australien, die mit vibrierenden Lippen angeblasen werden. Sie sehen aus wie etwas, das sich professionelle Kiffer ausgedacht haben könnten, und wer das Instrument beherrscht, kann ihm einen langen, dumpfen und enervierend dröhnenden Ton entlocken. Üblicherweise wird es von langhaarigen, tätowierten Männern gespielt, im Sitzen, und wenn ich mich recht erinnere, unbedingt oberkörperfrei. »Ha! Stimmt!«, lacht Jana, »wie das wohl geworden wäre – vermutlich würde ich in Hinterdummelsbach Klangschalen züchten oder so was.«

Wie wir alle erinnert sich Jana an vergangene Entscheidungen am allerliebsten mit der Vorstellung, dass es die bestmögliche aller Entscheidungen war. »Vielleicht hättest du deine Anwaltskarriere angestrebt so wie jetzt auch, ihr würdet überglücklich zwischen eurem Häuschen auf dem Land und dem Loft in der Stadt pendeln, und dein sexy Hannes wäre DER Didgeridoo-Nachwuchsstar mit Auftritten in New York, Rio, Tokio!«, biete ich als Alternative eines möglichen Lebenslaufs an.

»Pff«, findet Jana und macht eine wegwerfende Handbewegung. »Didgeridoo-Star, ich bitte dich, ich glaube, das Wort existiert noch nicht mal.«

Zugegeben, die Vorstellung erfordert etwas Fantasie, aber es geht hier ums Prinzip: Wir haben nicht die minimalst-kleine Vorstellung, was gewesen wäre, wenn …! Denken Sie doch nur an eine Entscheidung, die Sie vor zehn, fünfzehn Jahren getroffen haben – und was seither alles passiert ist!

Haben Sie den Job gewechselt, die Stadt, den Partner? Haben Sie eine Wohnung gekauft oder nicht gekauft, sich einen Liebhaber angelacht? Oder einen zum Mond geschossen? Wurde Ihnen gekündigt? Mussten Sie den Verlust eines geliebten Menschen betrauern? Egal, was es war: In den seltensten Fällen wissen wir, wie sich das Leben drehen wird. Und genauso wahrscheinlich und unglaublich, wie unsere Lebensgeschichten und die Ver-

und Entwicklungen darin sind, genauso wahrscheinlich ist es, dass Jana als Anwältin und Ehefrau des internationalen Didgeridoo-Stars Hannes in Hinterdummelsbach überglücklich geworden wäre. Für unsere Zufriedenheit mit uns selbst stellen wir uns aber gerne vor, dass eine andere Entscheidung zu einem viel, viel schlechteren Leben geführt hätte, aber das ist ja auch nicht schlimm – Zufriedenheit ist schließlich eine prima Sache und wenn man sich dafür ein klein bisschen selbst bescheißt: Was soll's.

Diese Art zu denken klappt bei Entscheidungen, die man für oder gegen etwas getroffen hat. Jana hat sich damals *gegen* Hannes entschieden. Ich für meinen Teil bin froh, mich vor 20 Jahren *für* die Auswanderung nach Spanien entschieden zu haben – alles läuft wie am Schnürchen und es gibt jede Menge Meeresfrüchte. Es erscheint mir im Nachhinein als die für mich perfekte Entscheidung – dabei blende ich gerne aus, dass es eher der Zufall war als eine wohlüberlegte Entscheidung, und ich blende auch aus, dass mein Leben nicht unbedingt schlechter verlaufen wäre, hätte ich anders entschieden. Wer weiß, vielleicht hätte ich doch noch ins literarische Fach gewechselt und säße heute mitsamt meinem Pulitzerpreis in einem schattigen Biergarten, meine Eltern und Geschwister wären in erreichbarer Nähe und ich müsste nicht beim Arztbesuch googeln, was »Sehnenscheidenentzündung« auf Spanisch heißt. Vielleicht wäre das so.

Vielleicht würde ich aber auch trübselig in mein Weißbier blicken, mit dem Gedanken: »Hätte ich nur …« Aber auch wenn Sie zur »Hätte ich nur«-Liga gehören: Da ist nichts Schlechtes bei. Wer sich mit verpassten Chancen oder falschen Entscheidungen beschäftigt, mag zwar kurzzeitig mit sich hadern, aber es schärft auch den Blick für kommende Situationen. Ein »Hätte ich nur« schmerzt, hilft aber, in der Zukunft eine bessere Entscheidung zu treffen – ein »Es hätte schlimmer kommen können« gibt Trost für den Moment.

Der amerikanische Psychologe und Autor Neal Roese hat ein ganzes Buch über Reue und ihren Nutzen geschrieben, und er kommt zu dem Schluss, dass Reue ein hilfreiches Instrument unseres Gehirns ist, das uns hilft, uns weiterzuentwickeln.[21] Fehler sind unsere Freunde, muss ich wieder an das Statement des Kindes denken, und irgendwie passt dieser Leitsatz fast jedes Mal. Neal Roese kommt in seinem Buch zu dem Schluss, dass wir falsche Entscheidungen leichter wegstecken als das Bedauern, etwas nicht getan zu haben. Hat etwas nicht geklappt, suchen wir nach den Gründen, finden Erklärungen und legen es irgendwann zu den Akten. Dinge, die wir aus Angst vor einer falschen Entscheidung oder einem schlechten Ausgang nicht getan haben und nun bedauern, nagen wesentlich länger an uns. Besonders beim Zurückblicken wird das deutlich: Wer im Alter in einem Liegestuhl liegt und an das vergangene Leben denkt, wird viel mehr bereuen, Dinge nicht gewagt zu haben, als sie gewagt zu haben und damit gescheitert zu sein.

Insofern: Was nicht klappt, ist noch lange kein Fehler! Wäre ich nach Monaten im Ausland pleite, entnervt und ohne Job nach Deutschland zurückgekehrt – was wäre schon groß verloren gewesen? Es hätte sich alles wieder gefügt, anders eben, aber ich hätte zumindest eine ganz wunderbare Anekdote in meinem

---

21 Neal Roese, *If Only: How to Turn Regret Into Opportunity*, Harmony 2005

Geschichtenbuch und eine Erfahrung mehr in meinem Lebenslauf gehabt. Zumindest besser als lauter weiße Seiten und auf der letzten stünde »Hätte, hätte, Fahrradkette«.

All die Dinge, die nicht klappen, sollten wir »Bumper« anstatt »Fehler« nennen. Bumper sind diese kleinen, bunten Dinger in Flipperautomaten, die so einen herrlichen Krach machen, wenn die Flipperkugel sie berührt. Sie geben der Kugel eine neue Richtung, verleihen ihr Drall, und auch wenn es scheppert: Man sammelt Punkte mit ihnen.

Was nicht klappt, bringt uns immer woandershin, und woanders ist es nicht unbedingt schlechter. Nur anders. Sehen Sie sich nur diese ganzen Erfindungen an, die aus Fehlern entstanden sind! Gut, der Alchemist Johann Friedrich Böttger sollte im 18. Jahrhundert eigentlich Silber in Gold verwandeln, aber das funktionierte nicht so gut, dafür entdeckte er, wie man Porzellan herstellt! Das konnten bis dato nur die Chinesen, und Porzellan war ein wertvolles Gut, auch »weißes Gold« genannt. Insofern hat er durchaus Silber irgendwie in Gold verwandelt, aber eben anders als gedacht.[22] Wenn wir es ein bisschen so sehen können, kann uns das die Angst nehmen, die uns vor Fehlschlägen bewahren will und es am liebsten hat, wenn wir regungslos in einem Erdloch verharren. Da passiert einem wenigstens nichts (es sei denn, man ist ein irakischer Terrorist und versteckt sich dort vor den Amis).

---

22 Wen es interessiert: Böttger forschte damals im Auftrag von Sachsens Kurfürst August dem Starken. Der richtete daraufhin 1710 in Meißen eine Manufaktur ein. Das weiße Gold machte August reich und wurde mit den gekreuzten Schwertern eine der ältesten Marken der Welt.

Diese Helikopterangst, die vor jeglichem Vorhaben das »Lieber nicht!«-Schild hochhält, ist nicht zu verwechseln mit dem sogenannten »Bauchgefühl«, also der Intuition. Ich habe hier ein super Beispiel, um die beiden zu unterscheiden, es ist aus *Glaub nicht alles, was du denkst*[23]:

> *Ein hervorragendes Beispiel für Intuition beschreibt Malcolm Gladwell in seinem Buch* Blink!*[24]*
> *Gladwell berichtet darin über das Getty Museum in Los Angeles, dem eine griechische Statue zum Kauf angeboten wurde, für schlappe zehn Millionen Dollar. Das ist ja ein Betrag, bei dem sich ein genaueres Hinsehen lohnt, und deshalb fuhr das Museum alles auf, was es so zur Verfügung hatte, um die Echtheit der Statue zu prüfen, nämlich das Elektronenmikroskop, die Massenspektografie, sowohl Röntgendiffraktions- als auch Röntgenfluoreszenzuntersuchungen. Nachdem der Jüngling über einen Zeitraum von 14 Monaten hinlänglich durchleuchtet und vermessen worden war, kamen sie zu dem Ergebnis: Das Ding ist echt. Kurz bevor das Geschäft über die Bühne ging, sah sich der Leiter des Metropolitan Museum of Art in New York das gute Stück an und das erste Wort, das ihm beim Anblick der Statue durch den Kopf schoss, war: frisch. »Nicht gerade das erste Wort, das einem beim Anblick einer zweieinhalbtausend Jahre alten Statue einfallen sollte«, schreibt Gladwell. Ein anderer Experte der Archäologischen Gesellschaft in Athen, Georgios Dontas, hatte eine ähnliche Eingebung: Er verspür-*

---

23 Alexandra Reinwarth, *Glaub nicht alles, was du denkst*, mvg Verlag 2019
24 Malcolm Gladwell, *Blink! Die Macht des Moments*, Campus Verlag 2005

Fehler, die wir nicht begangen haben

te »ein Frösteln am ganzen Körper« und hatte »das Gefühl, als würde ihn eine Glasscheibe von dem Werk trennen«. Nicht gerade Worte, die eine analytische Sicht beschreiben, sie konnten ihr Gefühl auch nicht genau begründen, es war eben – ein Gefühl. Am Ende stellte sich die Statue tatsächlich als Fälschung heraus – kunstvoll gefertigt von einer Fälscherwerkstatt in Rom, und zwar nicht vor zweieinhalbtausend Jahren ...

Die ausgetüftelten, hochmodernen Untersuchungen waren allesamt nutzlos und richtig lagen ein paar langjährige Experten, die in Sekundenschnelle das richtige Gespür hatten. Sie hatten nicht ihren Verstand bemüht, und das war ihr Vorteil: Anscheinend hatten sie ja ein oder mehrere Details wahrgenommen, die bei einer objektiven Betrachtung nicht weiter aufgefallen waren. Das ist Intuition.

Der Rest ist Kopfkino. Das bezieht sich nicht auf Fakten oder Vergleichswerte, sondern auf Dinge, die sich in einem selbst abspielen, und da kommen dann die ganzen irrationalen Befürchtungen mit hinein, die man so in petto hat.

Intuition ist schnell und auch ziemlich objektiv, sie wird nicht von diesen starken Gefühlen begleitet, die auftauchen, wenn das Kopfkino einem Untergangsszenarien darbietet. Es ist nicht dieses mulmige, bohrende Gefühl im Bauch, wo Angst, Nervosität und Unruhe wohnen, sondern eher ein spontanes Wissen, ein Ziehen in eine Richtung. Ratschläge geben uns beide, Angst und Intuition, wir müssen nur lernen, sie zu unterscheiden. Aus Angst werden berufliche Träume nicht verwirklicht, Beziehungen nicht beendet oder angefangen, Abenteuer nicht unternommen und Menschen nicht kennengelernt – und das wird dann oftmals völlig ungerechterweise der Intuition in die Schuhe geschoben.

Das passiert leicht, denn es sind beide, die uns beeinflussen wollen – aber wir können uns aussuchen, auf wen wir hören.

Am schlimmsten wird die Helikopterangst, kurz bevor eine Entscheidung gefällt wird. Wie in so einer Achterbahn, wenn man hochgezogen wird und der Wagen schließlich oben auf der Spitze steht, kurz vor dem Runterrasseln.

Kurz bevor man zum Hörer greift, um dieses wichtige Gespräch zu führen.

Kurz vor dem Auftritt.

Kurz bevor man diese Frau oder diesen Mann mit dem reizenden Lächeln anspricht.

Kurz vor der Unterschrift des Kaufvertrags für das Traumhaus.

Legt man dann los, wird die Angst weniger, denn man tut etwas, und der furchtbarste Teil liegt hinter einem.

Sie merken schon: Ich bin pro Fehler. Alle, die einen Traum verfolgt haben, der gescheitert ist, die in eine Stadt gezogen sind, die sie nicht umarmt hat, die ihr Herz vergeben haben an jemanden, der es nicht wollte: Das sind meine Helden und auch meine Vorbilder, denn viel von dem, was sie gewagt haben, hätte ich nicht gewagt. Darum sind Geschichten über das Scheitern immer auch Geschichten von großem Mut, und allein dafür gehören sie gefeiert und begossen. Dass Fehler an sich menschlich, normal und noch lange keine schlechte Sache sind und dass es guttut, wenn wir sehen, dass auch andere permanent wilde Fehler machen, hat fünf Freunde aus Mexiko im Jahr 2012 dazu inspiriert, die sogenannten *Fuckup Nights* ins Leben zu rufen: Sie saßen eines Abends betrunken in einer Kneipe und erzählten sich gegenseitig ihre Geschichten vom Scheitern – und das tat ihnen so gut, dass sie das nächste Mal noch mehr Leute dazu einladen wollten. Inzwischen sind die *Fuckup Nights* eine Bewegung für positive Fehlerkultur geworden und finden in über 300 Städten in 100 Ländern statt.

Wer schon mal in geselliger Runde zusammengesessen ist und von den eigenen Fehlern erzählt und den Geschichten der anderen zugehört hat, wie teils spektakulär die schon gescheitert sind, der weiß, warum diese Veranstaltungen ein großer Erfolg sind. Es tut so gut zu hören: Wir machen alle Fehler, du bist nicht allein. Besonders in der Social-Media-Welt, die uns umgibt, in der alle toll sind und schön und erfolgreich und die Zeit ihres Lebens haben. Diese Instagram-Scheinwelt, mit der wir versuchen mitzuhalten – aber die Realität sieht nun mal anders aus. *Fuckup Nights* sind sozusagen das Gleiche wie Instagram, nämlich das Zurschaustellen des eigenen Lebens, aber »jetzt mal ohne Scheiß«.

Und wenn man sich die Lebensläufe von Leuten ansieht, die ihre Fehler öffentlich teilen, kann man recht deutlich erkennen, dass sie lediglich Weichen sind, Richtungsänderer. Also die Fehler, die wir nicht begangen haben, was zu Beginn ja noch ganz klug und voraussehend klang, sind ein Bündel an nicht genutzten Bumpern – wer weiß, wohin sie uns gebracht hätten. Das Einzige, was ich im Rückblick wirklich bereue, sind die Gelegenheiten, in denen ich wissentlich oder unwissentlich anderen Menschen wehgetan habe. Das sind wirklich beschissene Fehler. Apropos:

Fehler, die wir nicht begangen haben

25 Illustration: Schutterstock.com/Rudie Strummer

FEHLER, BEI DENEN EINEM IN DEM MOMENT, IN DEM MAN SIE MACHT, SCHLAGARTIG KLAR WIRD, DASS DAS EIN FEHLER WAR

Das ist so eine ganz spezielle Sorte Fehler, oder? Ich finde es immer wieder faszinierend, wie man in einem Moment noch völlig davon überzeugt sein kann, das Richtige zu tun, und keine Sekunde später – BÄM! – war das die beknackteste Idee, die je das Licht der Welt erblickt hat.

Wenn man von einem Moment auf den anderen merkt, das war jetzt ein Fehler, fühlt sich das so an wie der Moment, in dem man im Bademantel und ohne Haustürschlüssel draußen steht und den RUMS hört, mit dem selbige Haustüre gerade ins Schloss gefallen ist. Was denkt man da? Genau: *Scheiße!*

So wie diese eine Zigarette, die man sich in einer langen, alkohollastigen Nacht anzündet, obwohl man vor Jahren aufgehört hat zu rauchen, und eine schadet ja nicht – und in dem Moment, in dem der Qualm kickt, weiß man, man ist wieder voll dabei.

Fehler, bei denen einem schlagartig klar wird

Im Straßenverkehr kann eine schnelle Entscheidung, gepaart mit einer minimalen Fehleinschätzung, zu so einem Moment führen: Die Kurve war zu eng, die Geschwindigkeit zu hoch, der Vordermann zu nah, die Laterne nicht gesehen, egal, was es ist: In dem Moment, in dem es kracht, denkt man sich *Scheiße!* und fragt sich, wie einem das nur passieren konnte. Eine einzige falsche Entscheidung, und schon hat man den Salat. Oder Schlimmeres: einen Darwin-Preis.

Ich wette, dass alle, die den zweifelhaften Ruhm genießen, einen Darwin Award bekommen zu haben, genau das dachten, kurz bevor sie aus dem Leben schieden: *Scheiße!*

Der Darwin Award ist ein Preis, der in den USA seit 1994 an alle diejenigen verliehen wird, die sich aufgrund überwältigender Dummheit aus dem menschlichen Genpool katapultieren, also sich umbringen oder unfruchtbar machen. Nur zu sterben allein genügt nicht. Nach Aussage der Gründerin muss die Dummheit schon von solchem Kaliber sein, dass der Gesellschaft mit dem Ableben ein Gefallen getan wird. Qualifizieren kann sich nur, »wer den Genpool verbessert, indem er sich selbst daraus entfernt«[26].

Was dachte der 63-Jährige aus Mecklenburg-Vorpommern, der den Maulwurf in seinem Garten loswerden wollte, indem er seinen gesamten Garten mit Metallstäben bestückte, diese an ein 380-Volt-Kabel anschloss und Starkstrom durch die Erde schickte – und statt des Tieres sich selbst exekutierte, weil er vergessen hatte, seinen Garten vor dem Einschalten des Stroms zu verlassen?

---

26 Benannt ist der Preis nach dem britischen Naturwissenschaftler Charles Darwin, auf dessen Forschungen die Theorie der natürlichen Selektion zurückgeht.

Scheiße!, dachte er, und das war das Letzte, was er dachte.

Oder der Rechtsanwalt, der prüfen wollte, ob die Glasscheibe seines Bürofensters im 24. Stock eines Hochhauses stabil ist, und sich dagegenwarf.

Ergebnis: Nein, war sie nicht. Ich wette, auf dem gesamten Weg nach unten war der mit der Ungläubigkeit darüber beschäftigt, warum er da gerade aus dem Leben schied.

Ich liebe solche Geschichten. Zugegeben, sie sind makaber und man sollte sich wohl nicht darüber amüsieren, wie andere Leute bedauerlicherweise ableben – aber es ist stärker als ich. Falls Sie sich gefragt haben: Es sind hauptsächlich Männer, die diesen Preis gewinnen. Nicht, dass ich sagen möchte, dass Männer tendenziell doofer sind als Frauen, aber es gibt so Sachen, die fallen eben nur Männern ein. Das hier zum Beispiel: Zwei junge Taiwanesen stritten sich 2004 um eine Frau. Sie entschlossen sich zu einer Art modernem Duell. Mit ihren Motorrollern fuhren sie aufeinander zu, wer als Erster auswich, würde sich nicht mehr um die Frau bemühen. Nur leider gab keiner der beiden nach. Sie krachten frontal zusammen und waren sofort tot – so was fällt dir als Frau einfach schon mal gar nicht ein! Das Beste an der Geschichte ist aber: Die junge Frau, um die es bei dem tödlichen Duell ging, gab hinterher an, sie habe an keinem der Männer Interesse gehabt.

Manchmal ist es so, als wäre im Hirn gerade irgendeine Weiche falsch gestellt, und man bemerkt das erst, wenn der Zug schon vorbeigerauscht ist. Meiner Freundin Anne passiert das andauernd, weshalb sie sich selbst schon zur Königin der Fettnäpfchen gekürt hat. Mit einem breiten Lächeln, geöffneten Armen und einem herzlichen »Hallo, Erik!« den neuen Partner einer Freundin begrüßen – obwohl der arme Kerl Florian heißt und Erik der just Verflossene dieser Freundin ist –, das kann Anne.

Aber auch wenn es nicht eine komische Hirnkopplung war oder eine schnelle, falsche Entscheidung, die man unbedacht gefällt hat, sondern wenn man sich sorgfältig mit Vor- und Nachteilen auseinandergesetzt und abgewogen hat und zu einem wohlüberlegten Schluss gekommen ist: Auch dann kann es dazu kommen, dass man von einem Moment auf den anderen genau weiß: *Mist.* Das war genau das Falsche. Und dann kommt man so schnell aus der Nummer nicht mehr raus.

Mein lieber Freund Hummel hat das in der Königsdisziplin hingelegt, nämlich bei einem Heiratsantrag. Ein Jahr war er mit seinem Freund zusammen, und es lief auch ganz gut, aber als dieser ihn in ein schickes Hotel nach Paris einlud und das Zimmer aussah, als hätte es Rosenblätter geregnet, schwante Hummel, dass hier etwas Größeres geplant war als ein Wochenendtrip. »Es war wirklich romantisch, mit einem Abendessen auf einem Tisch direkt am Balkon, gedimmtes Licht, alles«, seufzt Hummel, als er von dem Abend erzählt. »Genauso habe ich mir das immer vorgestellt: Er ging auf die Knie und fragte, ob ich ihn heirate, und er war so aufgeregt …«

Und dann hat Hummel im Rausch der Romantik »Ja!« gesagt. Aber noch während dieses Ja aus seinem Mund kam, tönte es ganz laut in Hummel drin: OH NEIN!

»Warum hast du überhaupt ›Ja‹ gesagt?«, frage ich verwundert, denn so viele Rosenblätter und Essen kann es gar nicht geben, dass ich mir vorstelle, jemandem ein Jawort zu geben, von dem ich mir die Frage nicht von Herzen wünsche.

»Es war einfach so perfekt! Ich wollte diesen perfekten Moment nicht zerstören.«

Nun ja. Tags darauf musste Hummel dann wieder zurückrudern, und fragen Sie nicht, wie die Stimmung auf der Heimreise war …

Dieses plötzliche Aufblinken eines »OH NEIN!«-Warnschilds im eigenen Inneren, das kenne ich allerdings auch sehr gut: Sagen wir, irgendwann einmal war ich schwer verliebt in einen Mann (der mich später unrühmlich verlassen sollte), und dieser Mann wohnte sehr weit weg. Er kam mich oft besuchen, es war ganz wunderbar, und irgendwann wollten wir den Teil mit dem Wieder-weg-Fahren nicht mehr. Ich habe seit meinem letzten Umzug jede Menge Platz bei mir zu Hause, und so entstand die Idee, der Mann könnte bei mir einziehen. *Er ist ja beruflich auch viel unterwegs*, war einer meiner ersten Gedanken, und allein, dass dies einer meiner ersten Gedanken war und er mich beruhigen sollte, hätte mich vielleicht stutzig machen sollen. Auf die vorsichtigen Nachfragen meiner Lieben, ob ich mir das gut überlegt hätte, reagierte ich mit dem Sofa-Reflex[27]: Ich verteidigte die Idee als eine der besten, die ich je gehabt hätte, und dann passierte es – er kam wirklich. Eines schönen Nachmittags hielt ein weißer Transporter vor meiner Türe, die Begrüßung war herzlich und die Freude groß, und in dem Moment, als das erste Möbelstück über die Schwelle getragen wurde, erstrahlte plötzlich in hellem Schein in meinem Kopf die Leuchtschrift:

OH FUCK!

---

27 Der Sofa-Reflex, erklärt auf den Seiten 191/192

Fehler, bei denen einem schlagartig klar wird

Das lag nicht allein daran, dass die Objekte, die da eins nach dem anderen zum Vorschein kamen, weit jenseits von allem lagen, was ungefähr in die Richtung meines Geschmacks zielt (eine lebensgroße, silbrig glitzernde Panther-Statue ... und das ist nicht gelogen), nein, es führte mir vielmehr konkret vor Augen, was ich die ganze Zeit verdrängt hatte und was nun anhand dieser Dinge sichtbar wurde: Wir sind sehr, sehr unterschiedlich. Und zwar nicht nur, was die Art der Einrichtung betrifft, sondern was – alles betrifft. Ich war noch nie jemandem begegnet, der so anders war als ich und als alle, die ich kannte. Während der Zeit, als dieser Mann nur zu Besuch gekommen war, hatte ich das als eine Art Herausforderung angesehen – und vor allem hatte ich dazwischen Verschnaufpausen gehabt, in denen ich wieder völlig alleine mit mir und meinen vier Wänden war. Gerade so, als hätte ich ein ziemlich eigenartiges Hobby. Aber nun sollte dieses Hobby zum Beruf werden, wenn man bei dem Vergleich bleiben möchte, und das, das wurde mir in dem Moment klar, wollte ich nicht. Und damit brach sich auch gleich eine Befürchtung Bahn, die ich schon einige Zeit mit mir herumgetragen, aber konsequent verdrängt hatte: nämlich dass dieser Mann nicht »anders« war, sondern schlicht ein komischer Kauz.

Wenn einem Dinge klar werden, die einem gerade überhaupt nicht in den Kram passen, zum Beispiel weil ein ganzer Rattenschwanz unangenehmer Situationen an ihnen hängt und man sich deswegen kaum selbst in die Augen sehen kann, dann braucht es eine gewisse Zeit, bis man diese Dinge vor sich selbst zugeben kann – man will es einfach selbst nicht wahrhaben. Sehr schön zu beobachten ist in solchen Situationen, wie das Hirn versucht, alles doch noch hinzubiegen, zum Beispiel mit:

Du bist nur kurz erschrocken,
bestimmt fügt sich alles mit der Zeit, Küsschen!

Von wegen. Es fügte sich so wenig, dass sogar der komische Mann irgendwann merkte, dass irgendwas nicht ganz so lief wie gedacht. Es war auch nicht allzu schwer: Alle seine Dinge standen immer noch wie Aliens irgendwo herum, und ich machte nicht nur keine Anstalten, sie irgendwie zu integrieren, ich zeigte mich auch wenig begeistert, als er anfing, hübsche Plätzchen für seine DVD-Actionfilm-Sammlung, die silberne Panther-Statue und seine Souvenir-Malereien in Neonfarben zu suchen. Es passte nicht. Die Sachen passten nicht, der Mann passte nicht, und irgendwie hatte ich das eine beträchtliche Zeit lang nicht gesehen, beziehungsweise nicht sehen wollen. »Oh, fuck!« war dann auch die Reaktion von Jana, als ich ihr das Dilemma schilderte. »Und jetzt?«

Diese Frage allerdings beantwortete sich relativ bald von selbst, weil der Mann nicht wenig später wegen einer totalen Nichtigkeit völlig ausflippte und den unrühmlichen Abgang hinlegte, den ich schon erwähnt habe.

Der gute Hummel und ich, wir sind beide schuldig im Sinne der Anklage: Wir haben einen Fehler gemacht und jemand anderes musste darunter leiden – gut, in meinem Fall hat der Kauz das mit seinem beschissenen Abgang karmamäßig irgendwie ausgeglichen, aber trotzdem.

Wenn Sie auch jemanden kennen, der durch eigenes Verschulden anderen Leuten wehgetan hat – eventuell sogar absichtlich:

Menschen machen Fehler, sogar man selbst.
Es ist normal, Fehler zu machen.
Verzeihen Sie sich ...

Aber so leicht ist das nicht, stimmt's?

Es ist sogar echt schwer, denn wir haben die Schuld und die Schuldgefühle als untrennbare Einheit fest in uns eingepflanzt. Schon im Kindergartenalter fangen wir an, ein Unrechtsbewusstsein zu entwickeln: Leo haut meinen Freund Fritz auf den Kopf, also haue ich Leo auf den Kopf, im Laufe der Jahre wird das etwas elaborierter, Leo haut meinen Freund Fritz auf den Kopf, also stelle ich Strafanzeige gegen Leo, jedenfalls kommen wir an den Punkt, an dem wir verinnerlicht haben:

1. Fehler sind schlecht.

2. Strafe tilgt Schuld!

3. Wer einen Fehler begeht, muss bestraft werden.

Das sehen wir als eine ganz natürliche Konsequenz, das sehen wir im Elternhaus und im Justizsystem, und es geht uns in Fleisch und Blut über. Leo haut meinen Freund Fritz auf den Kopf, also wird Leo wegen vorsätzlicher Körperverletzung nach Paragraf 223 StGB bestraft.

Wenn wir einen Fehler begehen, müssen wir uns also, um vor uns selbst nicht schlecht dazustehen, irgendwie bestrafen, um diese Schuld zu tilgen, und das machen wir mit Schuldgefühlen.

Das ist gar keine bewusste Entscheidung, sondern kommt ganz automatisch, wenn wir Schaden anrichten, andere verletzen, oder auch bei Missgeschicken. Wir bewerten dann, was wir getan oder gesagt haben, als falsch und verurteilen uns dafür. Beliebtester Ohr-

dass das ein Fehler war

wurm ist der Klassiker *Hätte, hätte, Fahrradkette*, mit dem man sich immer wieder vorstellt, was man lieber hätte bleiben lassen. Die Stärke der Schuldgefühle kann verschieden stark sein, das reicht vom kleinen Gewissensbiss bis zum Sich-Selbst-Zerfleischen, jedoch haben sie immer eines gemeinsam: Sie bringen überhaupt nichts! Sie machen nichts ungeschehen und helfen dem Menschen nicht, den wir verletzt haben, sie bewahren uns noch nicht mal davor, neue Fehler zu machen. Wären Schuldgefühle Leute, würden wir sagen, sie sind toxisch: Sie tun nichts Gutes, sie beeinflussen unser Leben und unsere Beziehung ausschließlich negativ, sie bringen uns nicht weiter und halten uns im ewigen Grübeln und im täglichen Auffrischen der Wunde. Wenn man da nicht herauskommt, hängt man ewig in der Vergangenheit fest, man ist mit der Zeit überzeugt davon, dass man es nicht verdient hat, ein glückliches Leben zu führen, und wenn es ganz arg kommt, bestraft man sich auf ewig selbst.

Dass wir überhaupt so funktionieren, ist durchaus ein Indikator dafür, dass wir voll integrierte, sozial kompetente Menschlein sind: Lustigerweise sind die größten Verbrecher aller Zeiten meist vollkommen frei von jeglichem Schuldgefühl! Raten Sie mal, wer das gesagt hat: »Ich habe meine besten Jahre damit zugebracht, meinen Mitmenschen Freude zu bereiten, damit sie im Leben ein bisschen Spaß haben. Zum Dank dafür werde ich nun beschimpft und verfolgt.« Könnte von Jesus sein, ist aber von Al Capone! Dem gefährlichsten Gangsterchef seiner Zeit!

Dale Carnegie berichtet in seinem Buch *Freu dich des Lebens* von seiner Korrespondenz mit dem Direktor des berüchtigten Sing-Sing-Gefängnisses in New York, der schrieb, dass sich die wenigsten Insassen von Sing Sing als schlecht ansehen, sondern wie ganz normale Menschen, die außerdem um keine Erklärung verlegen sind, ihre Taten zu rechtfertigen, vor anderen aber auch vor sich selbst – und die man völlig zu Unrecht eingesperrt hat.[28]

Wenn Sie also der Gewissensbiss plagt: Herzlichen Glückwunsch! Sie sind ausreichend sozialisiert worden und Sie haben mit geringer Wahrscheinlichkeit eine schwere Straftat begangen. Die werden nämlich zu einem Großteil von Psychopathen verübt, dem harten Kern der Kriminellen. Deren Gehirn weist einige Unterschiede zu anderen Menschen auf, die offenbar dazu führen, dass ihnen die Grundlage für Gewissensbisse vollkommen fehlt – was kriminelles Tun ungemein erleichtert.

Insofern: Schuldgefühle sind völlig normal, aber es gilt sie abzulegen. Sie haben nichts mit Reue zu tun, sie sind nur schlechte Begleiter und führen zu nichts. Dafür muss man allerdings etwas hinbekommen, das unglaublich schwerfällt: sich eingestehen, dass man begrenzt ist, dass man Fehler macht und dass man immer Fehler machen wird. Es liegt schlicht nicht in unserer Macht, keine Fehler zu machen, das ist ein bisschen unangenehm, vor allem für alle, die sich gerne der Illusion hingeben, alles unter Kontrolle zu haben, aber wir Menschen sind unserer Fehlerhaftigkeit leider ausgeliefert. Nur wenn wir es hinkriegen, zu akzeptieren, dass Fehler passieren, und zwar als Resultat vieler Umstände, von denen ein Teil unser Unvermögen ist, dann wird daraus etwas Konstruktives. Reue zum Beispiel. Wer sein Verhalten als falsch anerkennt und Verantwortung zeigt, der bereut, und Reue ist kein Jammern über die Vergangenheit, sondern ein Blick in die Zu-

---

28 Dale Carnegie, *Freu dich des Lebens*, Fischer Taschenbuch 2011, S. 74f.

dass das ein Fehler war

kunft: Gibt es eventuell Möglichkeiten, etwas zu korrigieren, und kann ich diesen Fehler in Zukunft vermeiden?

Wenn ich etwas bereue, habe ich etwas gelernt – und das ist viel besser als Schuldgefühle. Nur so geht's zur Königsdisziplin in Sachen Fehlern, nämlich sich selbst zu verzeihen. Klingt harmlos, ist aber eine echte Herausforderung. Anderen kann man durchaus absurde Schnitzer verzeihen, aber sich selbst lässt man schon mal gar nichts durchgehen. Es gibt einen Trick, mit dem das etwas leichter fällt: Stellen Sie sich vor, Sie sind Ihre Freundin. Mit der würden Sie doch auch Mitgefühl zeigen, Verständnis haben und sie trösten? Sie würden sie doch daran erinnern, was für ein wunderbarer Mensch sie ist, und sich mit ihr darauf besinnen, wie wertvoll sie ist?

Das Besinnen darauf, wer man ist, wie wertvoll man ist und wie wichtig dieses Wissen ist, darum geht es in einer wunderbaren, wenn auch leider erfundenen Geschichte, die dem Stamm der Himba in Namibia zugeschrieben wird – sie ist wie gesagt nicht belegt, aber die Idee ist ganz wunderbar, und ich will sie Ihnen nicht vorenthalten:

Als Geburtstag eines Kindes gilt in Namibia nicht der Tag, an dem es geboren oder an dem es empfangen wurde, sondern der Tag, an dem das Kind zum ersten Mal als Gedanke im Kopf seiner Mutter war. Wenn eine Frau beschließt, dass sie ein Kind empfangen will, geht sie aus dem Dorf, setzt sich unter einen Baum und lauscht in sich hinein, bis sie das Lied des Kindes hören kann, das durch sie geboren werden will. Nachdem sie das Lied des Kindes gehört hat, kehrt sie zurück zu ihrem Mann, der der Vater des Kindes sein wird, und lehrt auch ihn das Lied.

Wenn sie sich dann lieben, um das Kind zu empfangen, dann singen sie als Einladung gemeinsam das Lied des Kindes. Wenn die Mutter schwanger ist, lehrt sie auch die Hebammen und die alten Frauen des Dorfes das Lied zu singen, sodass die Menschen um sie herum während der Geburt es singen können, um es zu begrüßen. Und dann, wenn das Kind aufwächst, lernen auch alle anderen Dorfbewohner dessen Lied. Wenn das Kind sich verletzt, wenn es fällt und etwa seine Knie schmerzen, schließt es jemand in die Arme und singt sein Lied dazu. Wenn das Kind etwas Wunderbares tut, wenn es durch die Riten der Pubertät geht, wenn es heiratet – auch dann singen die Menschen des Dorfes sein Lied, um seine Seele zu ehren. In der Ehe singen die Partner ihre Lieder gemeinsam und füreinander. Es gibt aber noch eine weitere Gelegenheit, zu der die Menschen im Dorf dem Kind sein Seelenlied singen: Wenn es einmal einen Fehler oder gar ein Verbrechen begeht, wird es in das Zentrum des Dorfes gerufen. Die Gemeinschaft bildet einen Kreis um das Kind herum, und dann singen sie sein Lied. Der Stamm fühlt, dass ein unglückliches Verhalten nicht nach Bestrafung ruft, sondern nach Liebe und nach Erinnerung an die wahre Identität der Seele. Auf diese Weise geht das Kind bis ins hohe Alter durch sein Leben. Und wenn es eines Tages schließlich auf dem Sterbebett liegt, bereit, diese Welt zu verlassen, dann kommen die Dorfbewohner zusammen und singen ein letztes Mal sein Seelenlied.

Schön, nicht? Also wenn Sie mal wieder einen Fehler machen, wenn Sie sich in Selbstvorwürfen ergehen und nur den Kopf schütteln können über sich selbst: Seien Sie ihr eigener Stamm! Besinnen Sie sich auf Ihre Identität, auf all das Gute und Wunderbare, das in Ihnen steckt – und wenn es sein muss, dann singen Sie halt dazu! Das geht auch mit Ihren liebsten Freundinnen und Gin Tonic – Hauptsache, Sie baden in Liebe.

Fehler sind menschlich und, ja, auch Sie sind ein Mensch.

JETZT HABE ICH SCHON SO VIEL NERVEN INVESTIERT – FEHLER, DIE MAN DURCHZIEHT

Ich habe mal Sozialpädagogik studiert. Kein Witz. Nicht, dass das nicht ein ganz wunderbares Studium wäre, aber wer mich kennt, bekam bei der Neuigkeit diesen »Hä?«-Gesichtsausdruck, denn man aufsetzt, wenn das Gegenüber etwas total Absurdes von sich gibt. »Du willst was mit Menschen machen?«, war dann auch die irritierte Frage von Jana, die diese Skepsis, die der Entscheidung entgegenschlug, auf den Punkt brachte. Es war aber das einzige Studium, das ich ohne größere Anstrengung einfach so anfangen konnte – und irgendwas musste ich ja machen. Nur in Kneipen jobben war ja schließlich kein Lebensentwurf, sagte eine Stimme in meinem Kopf, die eventuell meine Eltern dort hineingepflanzt hatten.

Das Studium war zäh, nervig, anstrengend, zog sich ewig – und nach acht Wochen schmiss ich hin. Mir schwante seit Tag eins, vielleicht auch schon vorher, dass dies eventuell ein Fehler war, wartete dann aber noch auf den Punkt, an dem diese Erkenntnis ganz deutlich erscheinen würde. Sie kam dann mit Pauken und Trompeten, und zwar in der ersten Stunde meines Wahlpflichtkurses. Die Wahlpflichtkurse waren genau das, Pflicht, aber da es verschiedene Angebote gab, auch irgendwie Wahl. Da wurden so spannende Dinge wie Klettern und Geocaching, Kanufahren und Seilgartenkurse angeboten, aber eben auch ein paar andere, und was soll ich sagen, am Tag der Wahl war ich spät dran. So spät, dass ich nehmen musste, was übrig blieb. *Hoffentlich nicht Klettern!*, dachte ich noch, denn das Prinzip des Kletterns hat sich mir noch nie erschlossen, aus dem einfachen Grund, weil man ja auch wieder runtermuss, und irgendwie macht das alles keinen Sinn.

Klettern wurde es dann Gott sei Dank nicht, aber es kam schlimmer, denn ich fand meinen Namen schließlich in der Liste mit der Überschrift »Gruppentanz«. Jetzt weiß ich nicht, was Ihnen als Erstes in den Sinn kommt bei dem Wort, aber bei mir ploppte ein Bild im Kopf auf von einer Reihe Showgirls im knappen Kostüm und Federboa, die ihre Beine in den Himmel schwingen à la Moulin Rouge, und ich wusste: So wird es schon mal nicht.

Es wurde ganz, ganz anders. Als die Mannschaft »Gruppentanz« am folgenden Nachmittag in der Turnhalle eintrudelte, wurde sie dort von der Tanzpädagogin Ruth empfangen, die so sehr überzogen das Klischee der Sozpäd-Tanzlehrerin darstellte, dass man für einem Film gesagt hätte: »Lass mal, das ist zu dick aufgetragen ...«

Nach einer Vorstellrunde (»Ich bin die lustige Ruth, und jetzt sagen wir alle unseren Namen und ein Adjektiv dazu, das uns beschreibt«) verschwand sie, um einen Kassettenrekorder zu holen. Ich saß zwischen der »müden Lara« und der »neugierigen

Jetzt habe ich schon so viel Nerven investiert

Kathrin« und sah mich von ganz weit oben dort im Schneidersitz und fragte mich permanent:

1. ob das noch absurder werden würde, als es schon war,

2. was ich hier überhaupt zu suchen hatte.

Dann kam Ruth wieder mitsamt ihrem Kassettenrekorder und (leider) auch mit ihren Kassetten, die Musik war eine Art rhythmisches Trommeln mit Hintergrundgeheule – eventuell Janas Ex mit seinem Didgeridoo, man weiß es nicht. Wir mussten aufstehen und kurz die Augen schließen, und ich ertrage wirklich vieles, aber als Ruth mit ihrer beschissen sanften Stimme uns aufforderte, mit geschlossenen Augen nach der Energie der Personen neben uns zu spüren und uns dann bei den Händen zu halten, da war ich raus. Gerne stelle ich mir vor, wie die müde Lara und die neugierige Kathrin vergebens mit ihren Händen in die Lücke tasteten, die ich hinterließ, als ich im Stechschritt Richtung Ausgang marschierte. »Du bist einfach gegangen?«, sah mich Anne an diesem Abend erstaunt an, als ich von meinem Erlebnis Gruppentanz erzählte.

»Ja, und ich gehe auch nicht wieder hin!«

Acht Wochen ist jetzt nicht lange für einen Fehler, es ist sogar länger als mein Rekord, der dauerte genau einen Nachmittag, da wollte ich Jura studieren. Keine Ahnung, was mich da geritten hat, aber ich war Feuer und Flamme – bis zur ersten Infoveranstaltung zur Organisation des Studiums. Da redeten eine Menge ernster Leute über Referendariate und Repetitorien, und nach eineinhalb Stunden Zuhören kam ich lediglich zu dem Schluss:

Ja, ich kenne einige der Worte, die gesagt wurden. Und das war dann auch die letzte Veranstaltung, die ich dort besuchte.

Acht Wochen beziehungsweise ein Nachmittag, das ist ein hervorragender Schnitt in Sachen Fehler. Es gibt ja Leute, die ziehen das jahrelang durch – manche ihr ganzes Leben lang. Wir haben in unserem Bekanntenkreis einen ganz reizenden Ulrich, der hat zeitgleich mit mir angefangen zu studieren, allerdings das klassische Arschkrapfen-Fach BWL, einfach aus dem Grund, weil Papa Ulrich einen kleinen Betrieb hatte, und solange Sohn Ulrich noch nicht wusste, wohin mit sich, konnte er ja vorsichtshalber mal etwas studieren, das ihm später eventuell mal von Nutzen sein würde – falls er den Betrieb übernehmen wollen würde. Was soll ich sagen ... Ulrich wollte nicht BWL studieren, Ulrich wollte den Betrieb nicht übernehmen, Ulrich wollte eigentlich Reisejournalist werden und die Welt sehen. Jedenfalls studierte Ulrich BWL, übernahm den Betrieb, und die Welt, die er von seinem Bürofenster aus fortan sah, war das Gewerbegebiet von Fürstenfeldbruck. »Alles tippi-toppi«, sagt Ulrich und zählt dann all die Vorteile auf, die diese Entscheidungen mit sich gebracht haben. Er sei sein eigener Chef, er habe ein gutes Einkommen und das Auto könne er gewerblich absetzen! Das ist Ulrich, wenn er nichts getrunken hat. Ab dem dritten Gin Tonic bekommt er diesen wehmütigen Zug um den Mund und sagt Dinge wie: »... wusstest du, dass es entlang der Mittelmeerküste die längste Ameisenstraße der Welt gibt? 5760 Kilometer lang, von der italienischen Riviera über die Südküste Frankreichs bis in den Nordwesten Spaniens!« Und dann leuchten die Ulrich-Augen. Er folgt auf Social-Media-Kanälen den bekanntesten

Reisejournalisten, hat *GEO* und *Merian* abonniert und die ARTE-Dokumentationen über fremde Länder hat er alle gesehen, von »Überleben in Grönland« bis hin zu »Das Berner Oberland«. Noch einen Gin Tonic mehr, und er schimpft auf den Betrieb und das Auto, und dann wird er traurig.

Was als Verlegenheitslösung anfing – *Bevor ich gar nichts mache, studiere ich BWL* – wurde schleichend ein *Jetzt habe ich das schon so lange studiert, jetzt bringe ich es auch zu Ende* und ging nahtlos über in *Das habe ich doch nicht alles umsonst gemacht, ich wär ja schön blöd*. Wäre er mal lieber schön blöd, was? Ich kann mir gut vorstellen, dass jede Menge Leute an Ulrichs Stelle mit ihrer Wahl zufrieden wären: Wer ein großes Sicherheitsbedürfnis hat, zum Beispiel, den kann man zu diesem Lauf der Dinge nur beglückwünschen! Aber Ulrich – well.

Also wann wäre der Zeitpunkt gewesen, an dem er hätte sagen müssen: »Stopp! Ich will ja eigentlich etwas ganz anderes!«? Vor dem Studium? Vor dem Abschluss? Bevor er den elterlichen Betrieb übernommen hat? Nein – *jeder* Zeitpunkt wäre der ideale Zeitpunkt, auch jetzt noch, mit dem abgesetzten Auto und allem. Es ist nie zu spät, eine falsche Entscheidung zu berichtigen! Nur weil man schon sehr lange Zeit das Falsche tut, muss man das doch nicht weiterhin tun!

Das zieht ja auch dann immer gleich so elend große Kreise, so ein »falsches« Leben. Peter zum Beispiel, ein alter Bekannter aus Berlin, hat zwar genau das studiert, was er studieren wollte – er ist Kinderpsychologe geworden, hat eine kassenärztliche Zulassung und geht voll auf in seinem Job –, ist aber aus beruflichen Gründen in ein Kaff in der fränkischen Schweiz gezogen. Und Peter liebt Berlin!

Fehler, die man durchzieht

Wenn Sie Peter fragen: »Wenn du irgendwo auf der Welt leben könntest, wo du willst, wo wäre das?«, dann sagt er sofort: »Berlin!« Was mich so wahnsinnig macht: Es wäre möglich. Er könnte sich nach Berlin bewerben – er geht damit nur die Gefahr ein, dass er seine Stelle in der Pampa verliert. Allerdings entstanden aus dieser bekloppten Entscheidung dann gleich noch andere: Wenn man schon auf dem Land ist, dann könnte man sich doch auch ein Häuschen finanzieren, das Traumhaus ist aber teuer, also lieber eine Doppelhaushälfte, der Kinder wegen einen Kombi, und hast du nicht gesehen, steckte Peter inmitten eines Lebens, das überhaupt nicht schlecht war, aber eben nicht seins. Und er bekam prompt eine Allergie auf alles.

Ob man nun wie Peter die Lebensumstände nicht mag oder wie Ulrich gleich beim Studium mit den Fehlern angefangen hat: Da ist doch jeder Tag, den man nicht weitermacht, ein Gewinn! Eigentlich total logisch – aber abgesehen von allen organisatorischen Problemen ist es für uns schwierig, so einen Schritt zu machen, weil das irgendwie bedeuten würde, dass alles, was wir bisher gemacht haben, »umsonst« war. Ein klassischer Denkfehler. Wir sind nun mal nicht rational, sondern die Gefühle spielen uns permanent einen Streich.

Professionelle Anleger lernen das, denn es ist auch in Sachen Geldanlagen folgenreich: Ein typischer Fehler, der auch Profis regelmäßig unterläuft, ist das zu lange Halten verlustreicher Positionen. Obwohl das den meisten Investierenden bewusst ist, lassen sie häufig die Verluste laufen und nehmen umgekehrt Gewinne zu früh mit. Das ist psychologisch einfach zu erklären. Das Realisieren von Verlusten tut emotional weh, das Mitnehmen von Gewinnen streichelt dagegen die Seele. Also solange ich die Aktien, die nur Verluste bringen, nicht verkaufe, habe ich keinen Verlust gemacht! Und solange ich weiter in meine Geschäftsidee hineinbuttere, ist sie nicht gescheitert.

Unser Freund Jan ist einmal einer Telefon-Betrugsmasche auf den Leim gegangen: Der Anrufer hat sich als Bank ausgegeben und Jan mithilfe jeder Menge Fachbegriffe und einer seriösen Stimme irgendwie davon überzeugt, dass er die perfekte Anlage für ihn habe, und mit einer Investition von 5000 Euro könne er schon im ersten Jahr eine absurd hohe Rendite erzielen. Das Angebot schließe aber bereits morgen, und es sei etwas für Kurzentschlossene und Wagemutige. Jan, kurzentschlossen und wagemutig, überwies zackig die 5000 Euro, und prompt meldete sich der Banker wieder, es sei ein Problem aufgetreten, die Mindestsumme für die Investition sei nicht zusammengekommen, ein Großinvestor abgesprungen – was aber die einmalige Gelegenheit biete, dass Jan mehr investieren könne und einen unfassbaren Reibach machen würde. Zu Jans Verteidigung muss man sagen, dass er sehr wohl das Internet nach dem Herrn, der Bank, der geplanten Investition und allem, was es darüber zu wissen geben konnte, scannte – und auch zahlreiche vertrauenswürdige Seiten fand. Schöne neue Welt, sie waren alle nicht echt. Jan war in ein professionelles Betrugsnetzwerk geraten, und das Absurde war: Schon als ihm schwante, dass irgendwas an der ganzen Sache faul war, ÜBERWIES ER WIEDER GELD! Einfach weil er den Gedanken nicht zu denken wagte, dass ihm so etwas wirklich passieren könnte, und alles, was er bis jetzt dort hineingesteckt hatte, wäre damit weg.

Fehler, die man durchzieht

Es ist wie mit Dirk mit seinen Patentrechten damals: Dirk hat vor einiger Zeit Geld in ein Geschäftsmodell investiert, bei dem es um den Erwerb von irgendwelchen Patentrechten ging, mit denen angeblich das ganz große Geld zu machen sei. Reihum waren alle skeptisch (außer mir, ich bin sofort für so was zu begeistern), aber Dirk blieb dabei, und seitdem frisst diese Investition in regelmäßigen Abständen Dirks Geld. Immer muss noch ein Anwalt angestellt werden, noch ein Gutachten, Dokument oder Dingsbums erstellt werden, alles dauert hundertmal länger als gedacht, und so geht das dahin. Immer wieder pumpt Dirk sein sauer Erspartes in das Projekt, und es sieht nicht wirklich gut aus. Doch jedes Mal, wenn ihn jemand darauf hinweist, dass es eventuell an der Zeit wäre, die Reißleine zu ziehen, sagt Dirk: »Jetzt habe ich schon so viel investiert!«

Also statt die Summe X in eine Nullnummer investiert zu haben, wird es in einem halben Jahr die Summe X plus die Summe Y sein und immer so fort. Es fällt schwer, sich mit dem Gedanken abzufinden, Geld verbrannt zu haben, und solange man noch daran festhält und weiter Geld hineinsteckt, fühlt es sich eben an, als wäre es noch nicht verloren!

Dasselbe gilt auch für emotionale Investitionen: Auch da gibt es eine Spezialistin, Ines. Die ist seit 15 Jahren verheiratet (ja, immer mit demselben Mann), und eigentlich sind die beiden schon länger an dem Punkt, wo man sagen könnte: So, das haben wir jetzt lange genug ausprobiert, es war nicht alles schlecht, aber nur zu großen Teilen, und jetzt ist's auch mal wieder gut.

Sagt aber keiner von beiden. Wie ihr Mann das kompensiert, weiß ich nicht (er arbeitet viel, vielleicht ist es das), aber ich weiß leider Gottes, wie Ines das macht: Sie lästert bei jeder Gelegenheit über ihn. Der Himmel weiß, ich lasse auch manchmal in vertrauter Damenrunde Dampf ab – und erzähle mir keine, sie tue das nicht. Und der Himmel weiß leider auch, dass dabei manchmal das Wort »Idiot« vorkommt. Bei Ines ist das aber so ein stetiger Strom des Unbills. In ihren Augen macht ihr Mann eigentlich alles falsch, und sie regt sich auch über alles auf, selbst wenn er relativ normale Dinge tut, wie atmen zum Beispiel. Irgendwann fiel es mir dann auf: Ines mag ihn einfach nicht. Sie mag nicht, was er tut, sie mag nicht, was er sagt, und wie er es sagt, das mag sie auch nicht. Und dann dieses Atmen die ganze Zeit …!

Wenn man sie aber fragt, warum sie überhaupt noch mit ihm zusammen ist, hört man den gleichen Satz wie von Dirk: »Jetzt habe ich schon so viel investiert.« Ines hat in die Beziehung so viel Zeit und Nerven investiert und so viele Kämpfe ausgefochten, dass es ihr vorkommt, als wäre all das verschwendet, wenn sie sich trennt. »Dann war ja alles für nichts!« Die Idee dahinter ist, dass sich, frei nach dem Sprichwort »Was lange währt, wird endlich gut« am Ende diese Investition irgendwie lohnen muss. Als wäre eine Beziehung etwas, das man mit »Steter Tropfen höhlt den Stein«-artigem endlosen Aufwand zu etwas machen kann, das als Rendite etwas Glück ausspuckt. Manchmal nützt aber aller Aufwand nichts, egal, wie sehr man sich etwas anderes wünscht. Je größer der Aufwand, desto schwerer fällt es uns, das zuzugeben und die Konsequenzen daraus zu ziehen.

Jetzt könnte man anmerken, dass der Aufwand zumindest dafür gut war, zu diesem Moment zu kommen, in dem einem klar wird: Das wird nichts mehr. Aber das schafft Ines nicht. Also kommen jetzt zu der Summe X an schlechten Beziehungsjahren noch die Jahre Y dazu, und die Chancen stehen nicht schlecht, dass das noch viele werden.

Vielleicht wäre es anders, wenn man die vergangenen 15 Jahre nicht als Investition ansehen würde, sondern als Versuch: Jetzt haben wir es so lange versucht, lass uns sehen, was bei dem Versuch herausgekommen ist. Und hier ist nun mal herausgekommen, dass eine Zukunft ohne den anderen die deutlich bessere Alternative wäre. Und vielleicht sollten wir das alle ab und an machen: die bisherige Anstrengung als Versuch sehen und herausfinden, ob und wie es weitergehen soll. Mit dem Partner, aber auch mit Freunden, mit dem Job und mit einfach allem. Denn sich die Zukunft versauen, nur weil die Vergangenheit auch schon schlecht war, macht überhaupt keinen Sinn.[29]

Bei Fehlern machen wir genau das Gleiche, und weil es so unangenehm ist zu sagen: »Die letzten 20 Jahre habe ich verbockt, eine Zeit, die verloren ist und die ich nie wieder zurückholen kann, und diese Erkenntnis lässt mich in tiefe Verzweiflung stürzen!« – macht sich der eine oder andere lieber weiter etwas vor:

1. Das hat schon alles seinen Sinn und ist vernünftig so.

2. Es geht gar nicht anders.

3. ES IST PERFEKT SO! WIRKLICH! UND KEINE AHNUNG, WO DER HAUTAUSSCHLAG HERKOMMT!

---

29 Aus: *Glaub nicht alles, was du denkst*, mvg Verlag 2019, S.74. Verzeihen Sie die Kopie, es passt zu gut.

Ich will es noch mal in aller Deutlichkeit sagen: Das (einzig) Gute an diesem Fehler ist: Er lässt sich immer noch, auch nach zwanzig Jahren, korrigieren. Es hat eben so lange gedauert, bis man an diesen Punkt kam, da braucht man sich nichts vorwerfen. Der Fehler ist nicht, vor langer Zeit eine mäßig gute Entscheidung getroffen zu haben – sondern er liegt darin, jetzt aus Angst immer noch nichts daran zu ändern. Es ist noch möglich. Es ist so lange möglich, bis man körperlich abschmiert. Es ist immer möglich, alles in die Waagschale zu schmeißen und aus vollem Herzen das zu tun, mit dem man zu lange gewartet hat. Und selbst wenn es dann nicht funktioniert: Es wenigstens versucht zu haben, das ist wichtig. Nur was wir nicht versucht haben, werden wir bereuen.

Fehler kann man auch noch nach langer Zeit korrigieren.

DIE FEHLER DER ANDEREN

Fehler, die andere machen, sind immer so leicht zu erkennen, oder? Peter, Ulrich und all die anderen, das ist so arschklar ... Und man weiß auch genau, was zu tun wäre! Es wäre doch so einfach!

1. Wenn Stefan nur endgültig diese Psycho-Frau zum Mond schießen würde, die ihm das Leben schwer macht!

2. Wenn Eva nur nicht so verbissen wäre und mehr ihr Leben genießen würde!

3. Wenn Nina sich nur ein bisschen zusammenreißen würde ...

4. ... und wenn alle anderen Autofahrer nur anständig Auto fahren würden!

Apropos Auto fahren: Falls Sie auch mit weniger Geduld ausgestattet sind als der Rest der Welt und falls Sie eventuell dazu neigen,

Die Fehler der anderen

andere Autofahrer, die sehr langsam vor Ihnen herfahren, anzuhupen, vielleicht sogar mit den Worten »Jetzt fahr schon, du Depp!« – also dann bedenken Sie, dass Sie an der nächsten roten Ampel unter Umständen neben diesem anderen Autofahrer zum Stehen kommen. Und dann müssen Sie die ganze Rotphase hindurch so tun, als müssten Sie etwas auf dem Boden des Beifahrersitzes suchen.[30]

Wie Ihnen bestimmt schon schwant, ist es natürlich Käse, dass wir die vermeintlichen Fehler der anderen im Handumdrehen gelöst bekämen. Wir haben als Problemlöser im Leben anderer die gleiche Kompetenz wie ein Brikett, nämlich gar keine. Merken tut man das aber erst, wenn andere die eigenen Probleme lösen möchten – teils an Stellen, wo man gar keine vermutet hat!

Kennen Sie das noch aus der Jugendzeit: »Wenn du dich nur ein *bisschen* zurechtmachen würdest – du wärst SO ein hübsches Mädchen!« (Tante Inge, Regensburg, Familienfeier 1989)

Oder der Klassiker: »Es ist eine Schande, dass du nicht mehr aus deinem Talent machst!« Gerne gefolgt von: »Ein Talent ist eine Gabe!« Als hätte man irgendetwas unterschrieben, was einen dazu verpflichtet, diese Gabe anzunehmen, und jetzt hat man halt den Salat.

Während des Erwachsenwerdens macht man dann aus der Sicht der eigenen Eltern alle möglichen Fehler, von der Berufs- bis zur Partnerwahl, auch wenn die Wortwahl der Kritik sich langsam ändert. So hieß es mit 16 noch: »Der zottelige Beatles-Aff'?« (O-Ton mein Stiefvater, als er zum ersten Mal meinen Freund traf.) Das wird

---

30 Vermeiden Sie diesen Move UNBEDINGT vor der Schule Ihres Kindes, wenn Sie es dorthin fahren. Die betroffenen Mütter sehen Sie nie mehr mit den gleichen Augen.

Die Fehler der anderen

in späteren Jahren zu einem etwas vorsichtigeren »Bist du dir sicher?«. Und während die Eltern und andere Familienmitglieder zu Beginn vielleicht noch versuchen, irgendeinen Einfluss zu nehmen, wen man sich da so anlacht (»Der Sohn von der Ilse, DAS ist ein Netter!«) und was man so im Leben vorhat (»Was Sicheres, Hauptsache, was Sicheres. Reisejournalismus kannst du immer noch machen!«), tut die Pubertät ihren Job, und wenn alles gut geht, versandet dieser Einfluss zu einem kleinen Bächlein aus schlechtem Gewissen, das man aushalten kann, während man mit einem zottelligen Beatles-Affen und dem selbst gewählten Job beschäftigt ist.

In Erwachsenenjahren verebbt diese Art der Einmischung etwas (zumindest die von anderen Leuten, die von Tante Inge bleibt im Wesentlichen gleich), aber es kristallisiert sich doch heraus, dass alle außer einem selbst nicht dazu geeignet sind, Entscheidungen für einen zu treffen oder die eigenen Probleme zu lösen – vor allem nicht, wenn diese Lösung mit dem Satz »Du musst doch nur …« anfängt. Im Gegenteil: Wenn sich jemand in unsere Angelegenheiten mischt, ist man meist geneigt, sich zu verteidigen und sich zu rechtfertigen.

Das funktioniert genauso wie mit meinem Sofa: Ich habe mir zum Umzug ein neues Sofa gekauft, es war nötig, und es war das erste Mal kein IKEA-Sofa. Ich war in einem richtigen, echten Sofa-Fachgeschäft, und – holla, die Waldfee! – man glaubt ja gar nicht, was so ein paar Meter Sofa kosten können! Und dann sind da wirklich scheußliche Dinger dabei! »Himmel, wer kauft denn so was?«, rutschte es mir dann auch prompt heraus, als ich vor einem beigen, mit Strasssteinen besetzten Albtraum in Lederimitat stand. »Mehr Leute, als Sie denken«, ertönte es hinter mir, und da stand ein grinsender Verkäufer in bester Verkaufslaune. Ich bewundere ja Verkäufer – also die guten – für ihre einmalige Fähigkeit, sich sofort an die unterschiedlichsten Kunden anzupassen! Innerhalb von wenigen Minuten war der Verkäufer mein bester Freund und genoss all mein Vertrauen. Und dann führte er mich zu meinem Sofa. Es war praktisch schon meins, als es noch in dem Laden stand, und in dem Moment, als ich mich darauf langstreckte und ihn ansah, ging er direkt, ohne nachzufragen, zu seinem Schreibtisch, um den Papierkram zu holen. Mein Sofa hat allerdings den unschönen Nachteil, dass es wirklich teuer war. Es dort freizukaufen, hat richtig wehgetan im Geldbeutel, und im Nachhinein bin ich mir nicht ganz sicher, ob es unbedingt ein so teures Sofa hätte sein müssen. Wenn nun bei mir zu Hause jemand das Wohnzimmer betritt und Bekanntschaft mit dem Sofa macht, gibt es zwei Möglichkeiten, wie sich der Besuch äußern kann:

- Möglichkeit 1: »Das ist aber ein tolles Sofa! So eins hätte ich auch gerne!«
  Wenn das passiert, freue ich mich natürlich, wir plauschen über Sofas, und ich bin geneigt zu sagen, dass es eventuell etwas zu teuer war und ich mir heute vermutlich ein anderes kaufen würde.
- Möglichkeit 2: »Boah, was hat das gekostet? Das ist bestimmt ganz schön teuer gewesen!«
  Wenn das passiert, fange ich an, einen Vortrag über die Massivholzstruktur zu halten, den Produktionsstandort Deutschland, ökologische Naturlatexpolsterung und den Sitzkomfort. Ich verteidige das Sofa, genauer gesagt meine Entscheidung.

Und so ähnlich funktioniert das mit Fehlern, Defiziten und Schwächen. Wie mit teuren Sofas. Wenn mir jemand vorhält, ich würde das Kind falsch erziehen, die Wäsche nicht richtig herum aufhängen, ich sollte mehr über Geldanlagen wissen und dass ich immer, IMMER alles auf die lange Bank schieben würde, dann mobilisiere ich meine Truppen, wir bringen uns in Position, Schilder hoch und Verteidigungsmodus! Niemand will von anderen darauf hingewiesen werden, wo es unrund läuft, meistens wissen wir das ja selbst. Ebenfalls genau wie mit dem Sofa ist es dann nämlich andersherum: Wenn sich irgendjemand in Lobeshymnen ergeht, wie perfekt und großartig ich mein Leben wuppe, lege ich gerne los und erzähle von meiner Unsicherheit in Sachen Kindererziehung, dass ich keine Ahnung von Finanzen hätte und IMMER alles auf die lange Bank schieben würde, was mich in Teufels Küche bringt (bei der Wäsche bin ich mir relativ sicher). Und so weiter.

Es braucht schon eine gute Freundschaft und vor allem – was damit einhergeht – Wohlwollen, damit Kritik nicht in die Hose geht.

Wenn sich an einem Küchentisch zu später Stunde ein, sagen wir, Dirk der guten Jana gegenüber darüber auslässt, warum genau es eine kurzsichtige und völlig hirnverbrannte Idee sei, in nachhaltige ETFs zu investieren, dann ist eins schon mal ganz klar: Ich halte nachhaltige ETFs für eine grandiose Investition! Und ganz eventuell google ich an dem Abend in meinem Bett noch schnell: *Was sind eigentlich ETFs?*[31]

---

31 ETF kommt von Exchange Traded Funds, also börsengehandelte Indexfonds. Mit ETFs kann man mit einem einzigen Wertpapier kostengünstig in ganze Märkte investieren. Beispielsweise streut man mit einem MSCI-World-ETF ein Investment auf rund 1600 Unternehmen aus aller Welt. ETFs bilden einfach eins zu eins einen Marktindex nach und können – wie eine Aktie – jederzeit an der Börse gehandelt werden.

Die Fehler der anderen

Und ganz sicher sogar wird Jana am nächsten Tag, obwohl sie ihr Investment souverän verteidigt hat, noch mal genau nachrecherchieren, ob irgendwas an dem, was Dirk so gesagt hat, dran ist (ist es in der Regel nicht).

Was hier fehlt, ist Wohlwollen, und Dirk spielt sich lediglich auf. Wäre er ernsthaft an Janas Entscheidung interessiert, hätte er nachgefragt, was genau sie machen wolle und vor allem: warum. Aber unter dem Deckmantel der Besorgnis drücken die Leute ihren Mitmenschen die fiesesten Sachen rein! »Nirgends ist es manchmal so kalt wie unter dem Deckmantel der Besorgnis«[32], heißt es auch, und weiß Gott, da ist was dran.

1. Übergriffige Fragen,

2. Neugier,

3. sich selbst profilieren,

4. Missbilligung ...

... das geht alles unter dem Deckmantel der Besorgnis. Oder, wie in Dirks Fall, auch alles auf einmal. Passt wie Arsch auf Eimer, dass diejenigen, die sich gedanklich so vergaloppieren, sich selbst »besorgte Bürger« nennen.

Wir merken jedenfalls ganz genau, wer es gut mit uns meint und wer nicht – und falls Sie mal unsicher sind: Wenn Sie das Gefühl

---

32 Dieses Zitat wird in den Aphorismensammlungen dem Autor Stefan Schütz (*1944) zugeschrieben.

haben, Sie können freimütig über Ihre Zweifel und Überlegungen sprechen, dann ist alles gut. Regt sich Widerstand, dann vermutlich nicht umsonst. So Leute wie Dirk gibt es ja mehrere – ja, Klaus, du bist hier auch gemeint! Egal, was man macht, wenn Klaus in der Nähe ist, kann man ganz sicher sein, dass man gleich erfährt, dass man es falsch macht. Es ist völlig egal, um was es sich handelt! Im Auto mit Klaus auf dem Beifahrersitz erfahre ich, dass ich zu oft kupple, mit Klaus in der Küche erfahre ich endlich, warum ich unbedingt/auf keinen Fall Dings oder Bums in die Tomatensoße, in das Nudelwasser oder auf den Salat tun soll, ganz zu schweigen davon, welches Salz und wie das Öl gepresst sein muss. Klaus ist eine Kritikmaschine ohne Pausenknopf, manchmal verpackt er sie als Frage – »Ach, du hast immer noch den alten Durchlauferhitzer?« – oder, noch perfider, als »lustig«: Wenn Klaus zum Beispiel ein Bier aus meinem Kühlschrank holt (und ich habe sogar das »richtige« Bier und denke, ich wäre fein raus), und es sitzt zufällig ein Light-Frischkäse zwischen meinen Sachen: »Light, light, light! Jaja, alle wollen abnehmen mit den schwachsinnigen Lightversionen, und dann aber mehr Kohlenhydrate reinschaufeln! So kannst du deine Diät vergessen, meine Liebe – ha, ha, ha!«

Ha. Ha. Ha. »Ich mache gar keine Diät« geht dann völlig unter. Und auch: »Ich habe den aus Versehen gekauft.« Das sage ich dann gar nicht mehr, denn irgendwie ist es doch zu lächerlich, sich für seinen Kühlschrankinhalt zu rechtfertigen.

Aber so weit kommt man dann, dass man permanent erklärt, warum man was wie macht, hat oder findet – und das ist wahnsinnig anstrengend. Ich kriege es hin und bin schon genervt, wenn ich sehe, dass Klaus gleich anfängt, irgendwas zu sagen. Kläuse sind aber, und das habe ich nun schon mehrfach erleben dürfen, recht robust, wenn man ihnen Paroli bietet. Also nicht in endlosen Diskussionen, warum das Öl, der Durchlauferhitzer oder die eigene Fahrweise schon in Ordnung ist, sondern wenn man die Besserwisser-Nummer direkt anspricht. »Klaus, das ist wahnsinnig anstrengend, dass du immer an allem herumkrittelst« – wenn Sie das mit einem Seufzer raushauen, dann tut das denen nicht weh. Sie wissen nämlich darum. Mit genau diesem Satz habe ich auch meinen Klaus gestoppt, zumindest kurzfristig. Und es kam heraus, dass sein Vater zu Hause auch immer an allem herumkritisiert hat, das war für ihn als Kind eine Art Dauerbeschuss, und er fand es fürchterlich – und noch fürchterlicher findet er es jetzt, dass er sich genauso verhält. Dass ein Klaus ständig besserwissert, heißt noch lange nicht, dass ein Klaus kein Einsehen hat – allerdings ist es ihm so gut wie nicht möglich, das zu ändern. Immerhin habe ich sein Einverständnis, jedes Mal, wenn mir das auffällt, Alarm zu geben:

Klaus: »Du solltest viel mehr Social-Media-Marketing machen, das ist doch DAS Medium, wenn du das nicht …«

Alex: »Klaus? Schau mal!«, und zeige in die Ferne.

Klaus schaut in die Ferne: »Was?«

Alex: »Da hinten, ich kann die Schlauberge sehen!«

Und dann lachen wir. Was nicht heißt, dass das Thema nicht irgendwann wieder aufs Tapet kommt, aber so kann ich mit Klaus sein, ohne ihn permanent erwürgen zu wollen.

Das Wissen darum, wie unschön es sich anfühlt, wenn man kritisiert wird, und wie weit diese Kritik manchmal neben der eigenen Wahrheit liegt, hilft im Umgang mit den Fehlern und den vermeintlichen Fehlern der anderen.

Die Fehler der anderen

Grundsätzlich kann man ja unterscheiden zwischen den Fehlern der anderen, die einen selbst stören, und den Fehlern, die uns zwar nicht selbst betreffen, aber die einen gewissen Gesprächsbedarf auslösen. Zum Beispiel, weil man den Eindruck hat, unsere Lieben stünden sich selbst im Weg, machten sich unglücklich, schadeten sich oder begingen gerade eine riesengroße Dummheit.

Als Beispiel:

Jana ist IMMER unpünktlich: stört mich persönlich.

Ines lässt sich von anderen ausnutzen: Gesprächsbedarf.

Anne lässt sich die Anfangsbuchstaben ihres Lovers tätowieren: riesengroße Dummheit.

Wenn mich etwas persönlich stört, versuche ich das in der Regel so lange wie möglich zu ignorieren. Nicht, weil ich das für die beste Strategie halte, sondern weil es mir einfach total unangenehm ist, das anzusprechen. Je besser ich denjenigen oder diejenige kenne und je mehr Vertrautheit zwischen uns herrscht, desto leichter fällt es, also in einer Beziehung oder mit den engsten Freundinnen. Trotzdem hat es ewig gedauert, bis ich mich dazu durchgerungen habe, Jana darauf anzusprechen, warum sie JEDES VERDAMMTE MAL ZU SPÄT KOMMT!

Eventuell habe ich ein Ticken zu lange damit gewartet, das Thema anzusprechen, denn es hatte sich meinerseits eine gewisse emotionale Spannung aufgebaut. Wenn man selbst problemlos pünktlich ist, fehlt einem einfach komplett jegliches Verständnis für die Spätis. Damit sind nicht die gemeint, die mal im Stau stehen und deswegen zu spät kommen, abgehetzt und sich entschuldigend – ich meine die, die IMMER zu spät eintrudeln, und dann noch dazu mit diesem Lächeln, das mehr zu einer

Entschuldigung passt wie: »Hach, entschuldige, mir ist die Gabel runtergefallen, ich hol dir schnell 'ne neue!«

Anstatt zu:

»Entschuldige, dass ich dich hier seit einer halben Stunde blöd rumstehen lasse, obwohl du vermutlich da gar keinen Bock darauf hast und jede Menge Dinge zu tun und dich trotzdem rechtzeitig auf den Weg gemacht hast, während ich es nicht für nötig befunden habe, EINFACH MAL AUF DIE UHR ZU SEHEN!«

Die meine ich. Was stimmt nicht mit denen? Ein Detail, das denen, glaube ich, gar nicht klar ist, ist, dass wir sie hassen! Denn es ist so leicht, pünktlich zu sein! Man muss nur rechtzeitig da sein! Und rechtzeitig ist praktisch die ganze Zeit VOR dem Zeitpunkt, zu dem man sich verabredet hat – und das ist eine wirklich lange Zeit! Aber wenn man das verpasst, dann ist man für immer zu spät!

Jana kommentierte ihr ständiges Zuspätkommen immer mit einem »Meine innere Uhr geht einfach nicht richtig!«, was für mich die rhetorische Form eines mäßig engagierten Achselzuckens ist. Lange habe ich meine Missstimmung, die immerhin eine halbe Stunde Zeit hatte, sich zu entfalten, mehr oder weniger einfach zur Seite geschoben, und wir hatten dann trotzdem einen schönen Abend, aber irgendwann war ich schon sauer, BEVOR ich an unserem Treffpunkt auftauchte, einfach weil ich schon wusste, was kommen würde – und das kann es ja auch nicht sein. Also sagte ich es ihr irgendwann: »Jana, du bist IMMER zu spät, das nervt. Ich komme mir vor, als wäre ich es einfach nicht wert, dass du auf die Uhr schaust!«

Woraufhin Jana kurz versuchte, alles abzustreiten: »Nur weil ich mal etwas später komme ...«

Aber sie hatte keine Chance. »JEDES EINZELNE MAL. MINDESTENS EINE HALBE STUNDE!«

Und eventuell ist es der Erregung in meiner Stimme zu verdanken, dass sie keine weiteren Anstrengungen unternahm, das noch irgendwie rumzudrehen. Nach ein paar bedröppelten Minuten und meiner Weigerung, einfach auch immer zu spät zu kommen, stellte sich heraus, dass ihr das auch im Job, mit ihrem Freund (und mit denen davor) und auch mit sonst jedem Treffpunkt passiert – was fast schon wieder schön ist, wenn man nicht die Einzige ist, deren Zeit verschwendet wird. Janas Beteuerungen, sich zu bessern, und ihre Bestätigung, dass sie mitnichten meine Zeit als geringwertig ansehe, halfen ein bisschen, aber was am allermeisten half, war, dass ich einmal zufällig bei dem Phänomen von Janas Zuspätkommen live und in Farbe dabei sein durfte:

Ich war bei Jana, und wir beide hatten uns mit Anne verabredet, und zwar um acht. Das heißt, ab sieben sah ich regelmäßig auf die Uhr, denn um halb acht müssten wir losgehen – das war zumindest in meinem Kopf klar. In Janas Kopf hingegen war klar, dass *acht* ja erst in einer Stunde ist und sie vorher noch locker die Wäsche aufhängen kann, sich die Nägel lackieren, einen Tee aufsetzen und: »Hab ich dir schon die Fotos von Amsterdam gezeigt?«

Ich wurde langsam nervös, es war kurz vor halb acht, als der Tee fertig war und die Nägel noch nicht trocken. »Jana, wir müssen dann bald los« – und sie nickte. In ihrem Kopf war es immer noch sieben, glaube ich. »Und das war in einer kleinen Bar«, hält sie mir ihr Handy hin, während sie auf ihre Nägel pustet. »Möchtest du noch etwas Tee?«

»Nein danke, ich möchte jetzt dann los«, lehne ich ab, und Jana sieht an sich herunter.

»Okay, ich zieh mir nur schnell was anderes an …«

Schnell, das habe ich gelernt, hat für ganz viele Menschen eine komplett andere Bedeutung, jedenfalls war es schon nach halb acht, und als ich in Janas Schlafzimmer platzte, stand sie in Unterwäsche vor ihrem Schrank und starrte hinein, als wäre es Narnia.

»Hey – alles klar? Wir müssen los!«, winkte ich mit einer Hand vor ihrem Gesicht herum, und darauf folgte die »Ich habe nichts zum Anziehen«-Nummer, die damit endete, dass sie genau das wieder anzog, was sie gerade eben ausgezogen hatte. Verstehe mich niemand falsch, genau das Gleiche passiert bei mir zu Hause auch oft genug – ABER NICHT, WENN ICH EINE UHRZEIT AUSGEMACHT HABE! Dann musste sie »kurz« ins Bad, wobei auch »kurz« eine vollkommen andere Bedeutung … na ja. Die Teetassen mussten dann noch in die Spüle, der Nagellack mit in die Handtasche und … »Jana, was meinst du, wie spät es ist?«, frage ich sie, während sie ihre Schlüssel und den Krimskrams zusammensuchte, der in so eine Standardhandtasche gehört.

»Keine Ahnung, so ungefähr halb?«, sah sie mich an, und die aufrichtige, aus ihren Augen springende Unschuld, mit der sie diese absolute Fehleinschätzung von sich gab, versöhnte mich mit Janas Zuspätkommen komplett. Es ist keine Arroganz und keine Respektlosigkeit, kein Rebellentum und was immer den Spätis noch so unterstellt wird – Janas innere Uhr läuft einfach nicht weiter, während sie Dinge tut. »Es ist kurz vor acht«, antwortete ich. Und dann rannten wir los.

Jana kommt immer noch zu spät. Manchmal etwas weniger, was wir mit Lob versuchen zu verstärken, manchmal hebe ich mir Dinge auf, die ich dann erledige, während ich warte (eine Mail, die Einkaufsliste für die kommenden Tage …), und manchmal genieße ich es tatsächlich, die erste halbe Stunde eines stressigen Tages meine Ruhe zu haben, und wenn ich nicht viel Zeit habe, rufe ich sie eine halbe Stunde vorher an: »Du musst jetzt los. Mit ohne umziehen.«

Was sich geändert hat, ist, dass ich ihr nicht mehr unterstelle, hinter dem Zuspätkommen würde eine Geringschätzung stehen, und das ändert alles. Und weil Jana weiß, dass dies ein wunder Punkt ist, kommt sie vielleicht zu spät, aber noch während sie sich neben uns auf einen Stuhl fallen lässt und außer Atem ihre Jacke auszieht, schnauft sie: »Ich hab euch lieb!«

Und das haben wir sie auch.

Jana und ihre »innere Uhr« sind natürlich das Einstiegslevel. Eine kleine, wenn auch unliebsame Eigenheit, die man einigermaßen so hindrehen kann, dass sie nicht zu sehr stört. Klaus ist zugegeben schon Level 2, zumindest für mich, denn seine Eigenheit finde ich um ein Vielfaches unsympathischer, abgesehen davon, dass ich die eine lieber mag als den anderen. Der Faktor »lieber mögen« entscheidet auch darüber, wie störend wir die Fehler von anderen finden. Klaus zum Beispiel, falls Sie sich schon gefragt haben, schließe ich deswegen nicht aus meinem Leben aus, weil er, abgesehen von seiner reflexartigen Besserwisserei, wahnsinnig lustig ist. So lustig, dass ich einmal vor Lachen nicht mehr stehen konnte und mich einfach auf den Boden gelegt habe, um mir den Bauch zu halten. Er ist außerdem hilfsbereit und sozial und großherzig, und er hat kein einziges Vorurteil, niemandem gegenüber. Das sind alles ziemlich tolle Eigenschaften, und die können einiges aufwiegen. Hat jemand im Gegenzug zu einer miesen Zonk-Eigenschaft nichts zu bieten, sieht es düster aus. Ich bin dann geneigt, dem sogenannten Horn-Effekt auf den Leim zu gehen:

Der Horn-Effekt (von Teufelshörnern) erklärt das Phänomen, dass mitunter eine einzelne schlechte Eigenschaft genügt, damit wir die gesamte Person als negativ wahrnehmen (obwohl sie vielleicht auch ganz entzückende Eigenschaften hat). Die Spätis laufen Gefahr, mit ihrer ewigen Zuspätkommerei ein Gesamtbild als unzuverlässige Schlurfis abzugeben, die ihr Leben nicht geregelt bekommen, faul sind und unorganisiert – obwohl das vielleicht gar nicht stimmt!

So ähnlich passiert mir das mit einer Ex-Freundin von L. – also der Ex-Ex, die Ex bin ja ich. Und ich schwöre, das hat nichts mit irgendeiner Art von Eifersucht zu tun, die man dahingehend gerne unterstellt bekommt! Die Gute labert einen einfach in Grund und Boden! »Hauptsache, die Luft scheppert!«, hat meine Oma immer zu diesem Phänomen gesagt, und dass ich an meine Oma denken muss, wenn ich diese Ex-Freundin sehe, ist auch schon das Beste an unseren Begegnungen. Nun ist es so: Sie ist ja nicht die Einzige mit dieser Macke. Hummel, mein Freund mit dem missglückten Heiratsantrag, tendiert auch in diese Richtung. Aber weil ich den sehr liebe, macht es mir weniger aus, es ist ein Teil von ihm, nicht mehr. Und auch mit ihm bekommen wir es irgendwie hin, wenn es zu viel wird: Dann sehe ich ihm sehr lange in die Augen und ziehe eine Augenbraue hoch, das macht ihn nach einer Zeit stutzig. »Ich laber wieder zu viel, was?«, fragt er dann, und ich nicke und dann wird es besser.

Der Ex hingegen unterstelle ich alle möglichen anderen Sachen: dass sie oberflächlich ist und langweilig, dass sie nicht zuhören kann und dass sie eventuell nicht diejenige war, die einst den tiefen Teller erfunden hat. Derweil ist dieser stete Output vielleicht auch nur ein Merkmal von vielen (das aber alle anderen hinter einem Schleier von Geschwafel verschwinden lässt). Aber nachdem sie mir unsympathisch ist, lasse ich dieses Geheimnis einfach ungelüftet. Labern, Besserwissen, Zuspätkommen, das sind alles nervige Eigenheiten, man kann sie als Flöhe sehen, frei nach dem wunderschönen Spruch von Heiner Geißler, der angeblich mal gesagt hat: »Wenn ich meinen Hund liebe, muss ich nicht auch seine Flöhe lieben«, und das ist ein wahrhaft weiser Satz.

Die Dinge, die einen Gesprächsbedarf auslösen, sind eine viel heiklere Nummer. Wie sagt man denn der lieben Freundin, dass man Zweifel an ihrer Wahl in Sachen Partner hat? Sagt man das überhaupt? Beziehungsweise – wie lange kann man zusehen, wie es einer Freundin schlecht geht, bevor man etwas sagt?

Unsere Spezialistin für schlechte Partnerwahl ist Anne, die sich konsequent in Männer verliebt, die überhaupt nicht auf sie stehen. Man könnte fast sagen, sobald ein Mann sich nicht im Geringsten für Anne interessiert, fängt er an, interessant für sie zu werden. Je unerreichbarer, desto verlockender. Andersherum hat Anne nicht das geringste Interesse an denen, die Anne toll finden – es ist zum Verzweifeln. Denn auch wenn sie es schließlich doch hinbekommt, dass er sie wahrnimmt, wenn daraus anfängt, eine Affäre zu werden, und Anne schon auf Wolke sieben schwebt – wird nie etwas Ernstes daraus, und es endet immer in Tränen. Annes Idee ist: Wenn sie es nur wirklich, wirklich versucht und wenn sie ganz bezaubernd ist, dann wird er entdecken, dass sie perfekt für ihn ist und sich schließlich in sie verlieben, und dann wird endlich alles gut. Anne weiß selbst um dieses bekloppte Muster, das hält sie aber natürlich nicht davon ab, es permanent zu wiederholen. Das mag manchen befremdlich vorkommen, aber ich kann sie gut verstehen – ich habe schließlich selbst auch sehenden Auges immer wieder die gleichen Fehler in meinen Beziehungen dargeboten. Mit Anne ist es insofern einfach, weil sie das Problem kennt, es sich und uns eingesteht, es von selbst anspricht und wir darüber reden können.

Deutlich schwieriger ist das, wenn man davon überzeugt ist, dass jemand ein Problem hat – und man nicht weiß, ob derjenige das auch so sieht. Übermäßiger Alkoholgenuss zum Beispiel. L. hat einen Kumpel, der sich jeden Tag einen kleinen Rausch antrinkt. Jeden Tag. Um 17 Uhr hat er Feierabend, und von da an ploppt eine Bierflasche nach der anderen auf, und obwohl wir alle aus Bayern sind, finde ich das bedenklich und L. auch. Gemäß der alten Männertradition »Reden ist vielleicht Silber, aber Schweigen ist viel toller« wollte L. das auch nicht direkt ansprechen, um seinen Kumpel nicht in Verlegenheit zu bringen oder ihn vor den Kopf zu stoßen. Die haben das dann ganz elegant gelöst, indem beim nächsten Treffen L. in die Runde fragte, ob sie nicht mal alle für eine Weile das Bier weglassen wollen würden – zusammen. Zum einen wegen dem Bierbauch, aber auch, weil er für sich selbst befürchten würde, eventuell hie und da einen zu viel zu heben – und so kam ein Gespräch in Gang. Und am Ende machten sie eine Challenge daraus. Auf ein direktes »Ich habe den Eindruck, du tankst zu viel« wäre eventuell die Sofa-Reaktion gekommen: »Iiich? Nie im Leben, das bisschen Bier …« Aber so war der Kumpel offen für einen Austausch mit seinen Freunden.

Das ist der Indikator dafür, ob wir es einigermaßen hinbekommen, jemandem unsere Bedenken mitzuteilen: dass diese Person daraufhin nicht in die Abwehrhaltung wechselt (»Das Sofa ist toll und überhaupt nicht übertreuert!«), sondern sich öffnet. Dann bekommt man Zugang zu den tief sitzenden Dingen. Wenn mir Anne anvertraut, dass sie das Gefühl habe, nie gut genug zu sein, und dass sie es nicht verdient habe, dass jemand sie liebe, und es ihr deswegen sogar unheimlich sei, wenn ein Mann »einfach so« Interesse an ihr zeige – dann ist das einer dieser Momente, in denen diese Verbundenheit, die wir alle so brauchen, ganz hell leuchtet. Das geht nur mit Wohlwollen. Nie mit Kritik.

Wenn wir uns so umsehen, dann haben alle unsere Lieben Eigenheiten, Macken oder Defizite, die ihnen zu schaffen machen. Aber trotz allem und mitsamt ihrer Sammlung an Unzulänglichkeiten halten wir sie für reizende, liebenswerte Menschen mit jeder Menge hervorragender Eigenschaften. Wäre es nicht wahnsinnig schön, wenn wir uns selbst gegenüber dieselbe freundliche, wohlwollende Haltung zeigen würden?

Man kann andere Leute nicht reparieren. Aber für sie da sein und ihre Flöhe ertragen.

FEHLERFINALE

Wie sieht es denn nun mit uns selbst aus? Sofern Sie nicht zu denen gehören, die angeblich gar keine Fehler machen, geschweige denn welche haben (so wie Dirk: »Bei dem Thema kann ich dir leider gar nicht weiterhelfen!«): Wie sieht Ihr Fazit aus?

Je mehr ich mich mit diesen Plagegeistern beschäftige (nicht mit Dirk, den Fehlern), desto mehr komme ich zu der Überzeugung: Das Ausmaß, in dem man sich fehlerhaft fühlt, und was unterm Strich wirklich Fehler sind, stehen in keinem Verhältnis!

Natürlich fallen einem nachts im Bett jede Menge peinliche, unschöne und wirklich dämliche Dinge ein, die man mal gemacht hat – aber Gott sei Dank ist das Internet voll mit noch viel dämlicheren Fehlern, die ganz anderen Leuten passiert sind, und das ist ein bisschen tröstlich – und sehr lustig. Auch wenn es immer heißt, man solle sich nicht mit anderen vergleichen, das mache nur unglücklich: Es kommt immer darauf an, mit wem man sich vergleicht. Immer mit etwas Schlimmerem, ist hier die Regel! Dann ist Vergleichen gar nicht so schlecht.

Aber im Ernst, bis jetzt sieht es doch so aus:

Fehler machen sympathisch

Wenn am Spielplatz die ganzen Mütter zusammenstehen (und der einzige Vater im Hintergrund telefoniert), und eine erzählt, wie sie ihren Nachwuchs aus Versehen an der Autobahnraststätte vergessen habe und es erst ein paar Kilometer später bemerkt hätte – wen finden Sie da auf Anhieb sympathischer? Die beichtende Mutter, die sich noch bei der Erinnerung an diesen Moment die Hände vor die Augen hält – oder diejenigen Mütter in der Runde, die ihre Augenbrauen nach oben ziehen und über so etwas nur den Kopf schütteln können?

Und was ist mit der Frau, die vor uns das Damenklo verlässt und sich versehentlich den Rocksaum oben in der Strumpfhose eingeklemmt hat und jetzt der Welt ihre »Mittwoch«-Unterhose präsentiert? Und die knallrot anläuft, wenn man sie darauf aufmerksam macht? Die ist uns doch sofort sympathisch – auch wenn die Erinnerung an die Szene sie vermutlich für lange Zeit nachts im Bett verfolgen wird. Das Wort »Sympathie« kommt vom lateinischen *sympathia* und das wiederum vom altgriechischen *sympáthei*, und das bedeutet »mitleiden«. Das heißt, spontane, gefühlsmäßige Zuneigung erleben wir besonders leicht, wenn wir mit anderen mitfühlen können – wobei es wiederum viel leichter ist, mitzuleiden als sich mitzufreuen. Wie mögen einfach Menschen, denen Patzer, Peinlichkeiten und Missgeschicke passieren! *Die sind so wie ich*, denkt man sich da, und schon macht sich eine wohlige Solidarität in einem breit.

Fehler verbinden Menschen

Fehler machen nicht nur sympathisch. Wenn es ans Eingemachte geht, sind unsere Fehler, die wir in all ihrer Pracht jemandem zeigen, der Stoff, aus dem menschliche Verbindungen entstehen. Wenn ich mich öffne und meinem Gegenüber zeige, wer und wie ich wirklich bin, mit dieser ganzen krakeligen, unschönen Unperfektheit und den groben Schnitzern, und mein Gegenüber sieht sich das an und mag mich trotzdem – dann entsteht wirkliche Zugehörigkeit. Wenn jemand mir sein Vertrauen schenkt und sich verletzlich macht durch das, was er mir anvertraut, und wenn ich das annehmen und mitfühlen kann, dann schaffen wir Verbundenheit. Das beste Gefühl der Welt.

Fehler zeigen uns selbst, wer wir sind

Ob man nun campen geht oder zum zeitgenössischen Improvisationstanz – manche Dinge macht man, und nach kurzer Zeit weiß man Bescheid: Ich bin (k)ein Camper. Oder ich finde Improvisationstanz eher – mittel. Ob Sie diesen Fehler nur einmal machen oder in unregelmäßigen Abständen von Neuem, Sie werden immer wieder zu diesem Ergebnis kommen, Ihr Fehler wird Ihnen immer zuverlässig zeigen, wer Sie sind: (k)ein Camper, ein Kulturmuffel oder Liebhaber zeitgenössischer Impro-Sachen, introvertiert, Abenteuerurlauber oder pferdebegeistert. Auch wenn Sie nicht damit einverstanden sind und gerne ganz anders oder jemand anders wären.

Fehler präsentieren Ungelöstes aus der Kindheit

Die anstrengendsten Gesellen unter den Fehlern sind vermutlich diejenigen, die immer wieder mit unserem Quark aus der Kindheit ankommen. In allen möglichen Situationen (und auch in allen unmöglichen) kommen sie an und zupfen einen am Ärmel: »Hier ist noch was wirklich Unschönes übrig, können wir das jetzt endlich mal in Angriff nehmen?« Zugegeben, die Kommunikation lässt etwas zu wünschen übrig: Es ist nicht eben leicht, hinter einem epochalen Wutanfall über – sagen wir – ein zerkratztes Visier eines Motorradhelmes ein gestörtes Bedürfnis des inneren Kindes nach Beachtung durch die Mutter zu erkennen. Eine kurze Nachricht oder ein Anruf wäre schöner, aber das hat die Psyche leider so eingerichtet, statt Nachrichten bekommt man Emotionen. Den Fehlern aber können wir keinen Vorwurf machen, sie geben ihr Bestes: Sie weisen uns immer wieder darauf hin, wo etwas im Argen liegt. Auf unsere Fehler ist Verlass.

Fehler bringen uns woandershin

Sie sind so freundlich und schießen uns in ihrer Funktion als »Bumper« (der Flipperautomat, Sie erinnern sich …) von einem Ort der mäßig guten bis schlechten Entscheidung hin zu einem anderen Ort, damit wir es dort noch mal versuchen. Vielleicht wird man frustriert und wütend oder enttäuscht, weil Dingsbums nicht so läuft, wie man es sich vorgestellt hat, aber der Fehler will nie sagen: »Dingsbums geht nicht.« Er sagt immer: »Dingsbums geht *SO* nicht, such einen anderen Weg.« Gerade so, wie wenn man mit »Kalt!«- oder »Warm!«-Rufen jemanden lenkt, der ein verstecktes Ziel sucht. Und vielleicht wird aus dem Dingsbums dann ein ganz anderes Dingsbums.

Fehler sind ein Zeichen von Mut

Wer Fehler macht, traut sich was. Keine Fehler kann nur machen, wer in gewohnten Bahnen bleibt. »Nur keinen Fehler machen!«, heißt es, und dann wird gar nichts gemacht – was nicht selten der größte Fehler von allen ist. Wenn Sie erfolgreiche Gründer fragen, wie sie ihr Unternehmen aufgebaut haben, werden Sie oft hören: »Es ist alles anders gekommen, als es ursprünglich geplant war.« Zu langes Abwägen, ob dieses oder jenes jetzt falsch oder richtig ist, ist lange nicht so hilfreich wie ausprobieren und Fehler machen. Wer sagt: »Oh, da habe ich einen Fehler gemacht!«, ist mutig, kein Versager.

Fehler sind menschlich

Und der Mensch heißt Mensch,
 Weil er irrt und weil er kämpft,

… lautet eine Textzeile von Herbert Grönemeyers Lied »Mensch«. Schön, nicht? Wenn Sie Ihren Fehlern schon sonst nichts abgewinnen können, dann vielleicht das. Irren ist menschlich, es gehört zu uns wie das Hoffen und das Lieben und das Vergeben, es gibt uns nicht ohne. Wir sind fehlerhafte Wesen, und wenn wir es hinbekommen, dass wir andere Menschen trotzdem als liebenswert ansehen, dann versuchen wir doch, diesen Blick uns selbst gegenüber auch beizubehalten.

Fehlerfinale

Zum Schluss:
Also, was wollen wir unseren Fehlern denn am Ende vorwerfen? Die meisten Fehler, die uns so passieren, sind nützlich. Lehrreich, zu irgendetwas gut oder zumindest lustig. Am Ende gibt es nur ganz wenige Fehler, vor denen man sich hüten sollte.

Nehmen wir »am Ende« ruhig wörtlich, denn mit einem Blick aus der Entfernung sieht man unter Umständen klarer: Wenn Sie an Ihrem Lebensabend zurückblicken, welche Fehler, denken Sie, werden Sie bereuen? Bronnie Ware, eine Palliativmedizinerin, die Sterbende betreut, hat die Erfahrung gemacht, dass es immer die gleichen fünf Dinge sind, die Menschen auf ihrem Todesbett bedauern.[33]

1. Das Leben nicht so zu gelebt zu haben, wie man es sich gewünscht hätte
   Das Umfeld hat permanent Erwartungen an einen – die Eltern, die eigene Familie, die Gesellschaft, die Freunde, die Partner, die Glaubensgemeinschaft oder bei welchem Verein man nun mal Mitglied ist, das ist ja auch ganz normal. Nur wer immer damit beschäftigt ist, die Erwartungen anderer zu erfüllen, vergisst dabei, sein eigenes Leben zu leben. Ob man studiert und was, wie man leben möchte und von was, ob man Kinder haben möchte oder nicht, ob man Rock trägt oder Hose (als Mann) und auch, wen man liebt – oder wie viele – und von welchem Geschlecht. Ob man einen festen Job hat

---

[33] Bronnie Ware, *5 Dinge, die Sterbende am meisten bereuen: Einsichten, die Ihr Leben verändern werden*, Goldmann Verlag 2015

und eine Wohnung und ein Auto oder ob man mit Gelegenheitsjobs in einem umgebauten Transporter durch Südamerika tingelt. Zu jeder dieser Fragen gibt es gewisse Vorstellungen und Meinungen unseres Umfelds, meist sogar recht konkrete, und wir wissen genau, welche das sind.

Man weiß immer, was von uns erwartet wird. Das muss einem noch nicht mal jemand sagen! Gut, Eltern können da recht konkret werden, vor allem wenn es um die berufliche Laufbahn geht, aber alles andere saugt man ganz nebenbei auf. Alles, was von dieser Erwartungshaltung, die sich so in einem ausbreitet, abweicht, braucht eine bewusste Entscheidung und den Mut, diese durchzusetzen. Viel leichter ist es, alles einfach laufen zu lassen und zu tun, was von einem erwartet wird – dass der Preis, den man dafür zahlt, das eigene Leben ist, schiebt man dabei weg. Und plötzlich ist man alt und einem dämmert die Erkenntnis: Ich hätte dieses Scheißwohnmobil kaufen sollen und auf Weltreise gehen! Ich hätte auswandern sollen, ich hätte die Schreinerlehre machen sollen, ich hätte nicht heiraten sollen oder jemanden anderen oder den Rock tragen. Und dann ist es zu spät.

Wir können uns erst dazu durchringen, Veränderungen vorzunehmen, wenn der Leidensdruck zu groß wird. Aber wenn man so einigermaßen weitermachen kann, weil es noch geht, ist die Angst größer. Ein Hoch auf alle die, die sich trauen. Auf die Transgender, auf alle, die sich outen, auf alle, die zu sich und dem stehen, was sie sind und wie sie ihr Leben leben wollen! Wir brauchen die Mutigen, wir brauchen Vorbilder!

2. Zu viel gearbeitet zu haben

Das kann einem so leicht passieren! Da fängt man motiviert an, macht ein paar Meter auf der Karriereleiter, und schon setzt sich langsam dieses Hamsterrad in Gang – und bleibt nie mehr stehen. Der nächste Schritt will getan werden, zurück ist keine Option. Man könnte noch dies erreichen, man könnte noch das verdienen, der nächste Deal ist immer der wichtigste, und plötzlich sagt man zu seinem Kind ständig Sachen wie »Nein, ich muss heute noch den Report schicken!«, oder zur Partnerin: »Ich brauche den Samstagvormittag zum Nacharbeiten«, oder zu sich selbst: »Ich kann unmöglich volle zwei Wochen weg.« Pläne für das Leben werden nach hinten geschoben. Immer wieder.

Mein Stiefvater, ein selbstständiger Architekt, hat nach einem stressigen Tag, an dem er erst spät nach Hause kam, einmal gesagt: »Könnt ihr bitte auf meinen Grabstein schreiben, dass die Sitzung mit der Stadt wegen dem neuen Edeka erfolgreich war?« Und das fasst die Absurdität eigentlich sehr schön zusammen, welche Wichtigkeit wir unserem Arbeitsleben zuordnen und was tatsächlich wichtig ist. Was stünde wohl auf den meisten Grabsteinen?

Herbert hat nie einen Report zu spät abgegeben!

Oder:

Herbert hatte keinen einzigen Krankentag im Büro!

Oder:

Herbert weiß leider nicht, wann und wie sein Kind schwimmen gelernt hat, hat keine romantischen Erinnerungen mit seiner Frau Hilde und keine Freunde mehr, dafür aber okay verdient.

Manche versuchen das dann zu kompensieren, indem sie sich als Ausgleich zu ihrem ausufernden Arbeitsalltag irgendeinen Kurzluxusurlaub gönnen – aber der Deal geht nicht auf. Man kann Leben nicht schnell nachholen, auch wenn der Urlaub noch so luxuriös ist. Uns ist in der Regel auch gar nicht klar, wie einfach wir zu ersetzen sind. Da hält man sich für völlig unabkömmlich, aber falls Sie wirklich mal ausfallen, dann werden Sie sehen, wie problemlos der Laden ohne Sie läuft. *Und dafür habe ich mein Leben geopfert?*, werden Sie sich fragen. Lassen Sie uns das einfach nicht tun.

3. Die eigenen Gefühle nicht ausgedrückt zu haben
   Es gab eine Zeit, da haben wir das ganz automatisch völlig richtig gemacht, aber da waren wir ungefähr sieben. Was in den meisten Fällen, behaupte ich jetzt mal, schon eine Zeit her ist. Wenn man Kinder beobachtet, beim Spielen und wie sie miteinander umgehen, haben wir vor Augen, wie das mit den Gefühlen eigentlich funktioniert: Da wird gelacht und geschrien vor Glück, gestritten und sich versöhnt, sich geärgert und einander geholfen, Arm in Arm und Faust um Faust. Sie verstellen sich nicht und sie schämen sich nicht, sich und ihren Gefühlshaushalt zu zeigen. Natürlich müssen Kinder lernen, sich von ihren Emotionen nicht völlig beherrschen zu lassen und die Kontrolle darüber zu haben, was sie aufgrund dieser Emotionen sagen oder tun – aber man kann es auch übertreiben. Zu viel Selbstbeherrschung und sich nichts anmerken lassen schaffen eine Barriere zwischen uns und den anderen Menschen, damit unsere Gefühle nicht verletzt werden. Aber

was wir dabei nicht bedenken, ist, dass Barrieren nicht nur in eine Richtung funktionieren: Es kann zwar niemand mehr an einen ran, aber man kann eben selbst auch nicht mehr raus.

4. Den Kontakt zu den Freunden verloren zu haben
Zu denjenigen, die uns so kennen, wie wir sind – und uns trotzdem mögen. Man kann von Menschen umgeben sein, viele neue Bekanntschaften schließen und sich trotzdem einsam fühlen. Es ist nicht die Menge an sozialen Kontakten, die wir brauchen, sondern Verständnis und ein Gefühl der Verbundenheit. Im täglichen Allerlei mit Kollegen und Kunden, der Familie, der Stillgruppe oder den Müttern auf dem Spielplatz, den Nachbarn und der Volleyballmannschaft ist das Maß an Miteinander, das man so aushält, schon voll, bevor wir auch nur einmal einen von denen im Arm gehalten hätten, die wir wirklich brauchen. Es ist ein Phänomen, dass wir mit den Menschen, die uns dieses wichtige Gefühl vermitteln können, geliebt und verstanden zu sein, so wenig Zeit verbringen. Pflichten und vermeintliche Pflichten stehen oft vornan, und indem wir uns nicht um unsere Freunde kümmern, Freundschaften schleifen lassen vor lauter Alltagsstress, vernachlässigen wir nicht nur die Freunde, sondern vor allem uns selbst. Selfcare ist gar nicht ein Wellnesswochenende, ein Tee am Bett und ein Wohlfühlbad, sondern sich um das zu kümmern, was man wirklich braucht. Wir brauchen unsere Freunde wirklich. Und wenn es jemanden gibt, den man schon lange nicht mehr gesprochen hat, wenn man sich aus den Augen verloren hat: Rufen Sie an. Lassen Sie nicht zu, dass Sie zu Fremden werden.

5. Sich zu wenig Freude gönnen

Ich weiß nicht, wie es Ihnen geht, aber wenn ich mich dabei erwische, aus heiterem Himmel völlig grundlos glücklich zu sein, dann denke ich oft an irgendetwas, das mich sofort wieder herunterholt – ich meine, ein derartiges Glück ist doch einfach nicht okay, wenn man ... ja, wenn was?

Anne hatte ein schlechtes Gewissen, glücklich zu sein, weil ihre Eltern lange mit schweren Krankheiten zu kämpfen hatten, und obwohl die beiden mit Sicherheit wollten, dass ihre Tochter glücklich war, gestand sie es sich einfach nicht zu. Ich habe schon gehört, dass Leute sagten: »Wie kann ich im Angesicht des Zustands der Welt glücklich sein? Das wäre so ... unangemessen!« Als wenn der Zustand der Welt irgendwie anders wäre, wenn man glücklich ist. Aber die Schuldgefühle sind eben trotzdem da, und wenn man nicht aufpasst und sich zusammennimmt, kann es passieren, dass man sich tatsächlich nicht erlaubt, glücklich zu sein.

Ich wiederum merke, dass ich nicht gerne mein Glück zeige oder es gern mal im Kern ersticke – bevor es jemand anderes tut. Ich bin das irgendwie so gewohnt, dass man von himmelhoch recht unsanft runtergeholt wird, und da ist es immer noch weniger schmerzhaft, wenn man das im Vorfeld selbst erledigt. Vielleicht waren es zu viele Sätze wie »Jetzt warte erst mal ab ...«, wenn ich mich auf etwas gefreut habe, oder später diese Nachfragen, wenn ich mit tollen Neuigkeiten kam: »Ich hab einen süßen Hund adoptiert!« – »Und wie willst du jetzt in den Urlaub fahren?«

»Ich habe eine Interviewanfrage von der *Times*!« – »Kannst du überhaupt ausreichend Englisch?«
»Ich kaufe eine Wohnung!« – »Übernimm dich bloß nicht.«
Bevor jemand anders den Dämpfer draufhaut, mache ich es lieber gleich selbst, dann spare ich mir die Enttäuschung. Ich habe es ausprobiert: Das ist eine mittelgute Strategie, glauben Sie mir. Es führt nur dazu, dass man sich weniger freut. Teilen wir unsere Freude lieber mit Menschen, deren Sätze in etwa so klingen: »Wie schön! Ich freu mich so für dich!«

Wenn es also diese fünf Dinge sind, die am Ende eines Lebens wirklich zählen, dann können wir doch den Rest gelassen sehen. Mitfühlend mit uns sein.

Das Leben ist gar kein Kampf, es ist eine Erfahrung. Holen Sie raus, was geht!

Ihre Alexandra

© Arturo Martínez

Über die Autorin

Alexandra Reinwarth ist 1973 in Nürnberg geboren und in Regensburg aufgewachsen. In München studierte sie ein Semester Sozialpädagogik – haute aber in die Pfanne, bevor sie zum ersten Mal zum Wahlpflichtfach »Gruppentanz« erscheinen musste. Ebenfalls in München ist sie in ein Kneipenkollektiv ein- als auch wieder ausgetreten und macht seither fantastische Mojitos.

Im Jahr 2000 landete sie »vollkommen zufällig« in Spanien und fand Arbeit in einer Werbefilmproduktion in Barcelona. Dort entstand 2006 auch das erste Buch.

Inzwischen hat sie so viele Bücher veröffentlicht, dass die Liste hier keinen Platz findet, darunter die Ausfüll-Serie *Was ich an dir liebe* sowie die Spiegel-Bestseller *Am Arsch vorbei geht auch ein Weg* und *Das Leben ist zu kurz für später*.

Weitere Titel von
Alexandra Reinwarth
beim mvg Verlag

192 Seiten
16,99 € (D) | 17,50 € (A)
ISBN 978-3-86882-666-1

Alexandra Reinwarth
Am Arsch vorbei geh auch ein Weg
Wie sich dein Leben verbessert, wenn du dich endlich locker machst

Es gibt Momente im Leben, in denen einem klar wird, dass man etwas ändern muss. Der Moment, als Alexandra Reinwarth ihre nervige Freundin Kathrin mit einem herzlichen »Fick Dich« zum Teufel schickte, war so einer. Das Leben war schöner ohne sie – und wie viel schöner könnte es erst sein, wenn man generell damit aufhörte, Dinge zu tun, die man nicht will, mit Leuten die man nicht mag, um zu bekommen, was man nicht braucht!

Wer noch der Meinung ist, das Leben könnte etwas mehr Freiheit, Muße, Eigenbestimmung und Schokolade vertragen und dafür weniger Kathrins, WhatsApp-Gruppen und Weihnachtsfeiern, der ist hier goldrichtig.

Lassen Sie sich von Alexandra Reinwarth inspirieren, wie man sich Leute, Dinge und Umstände am Arsch vorbei gehen lässt, aber trotzdem nicht zum Arschloch mutiert. Und lernen Sie von ihr, wie kleine Entscheidungen einen großen Effekt auf die Lebensqualität haben können.

192 Seiten
16,99 € (D) | 17,50 € (A)
ISBN 978-3-7474-0218-4

Alexandra Reinwarth
Am Arsch vorbei geht auch ein Weg
– Jetzt erst recht –

Entspannt bleiben trotz Vollspackos und anderer Widrigkeiten.
Die Forsetzung des Weltbestsellers

Das Leben ist schier voll von Dingen, die man sich am Arsch vorbei gehen lassen sollte. »Das Leben ist schöner, wenn man den Mist weglässt!«, stellte Alexandra Reinwarth irgendwann fest und lässt sich seither jede Menge Dinge, Leute und Umstände am Arsch vorbei gehen. Ihr Alltag ist dadurch deutlich entspannter geworden: weniger schlechtes Gewissen, weniger Idioten und weniger Ärger. Und dennoch stößt sie immer wieder auf Situationen, in denen es gar nicht so einfach ist, entspannt zu bleiben. Doch auch hierfür findet sie eine Lösung.

Alexandra Reinwarth nimmt uns wieder mit in ihre Welt und zeigt in gewohnter Leichtigkeit, wie man es schafft, all das, was man nicht tun will, und all jene, die man nicht mag, hinter sich zu lassen und dauerhaft zu entspannen – jetzt erst recht!

240 Seiten
16,99 € (D) | 17,50 € (A)
ISBN 978-3-86882-916-7

Alexandra Reinwarth
Das Leben ist zu kurz für später
Stell dir vor, du hast nur noch ein Jahr – ein Selbstversuch, der dein Leben verbessern wird

Einen Tag nach ihrem Todestag wacht Alexandra Reinwarth morgens auf – und ist glücklicher als je zuvor. Und nichts ist mehr so, wie es einmal war.

Aber von vorne: Es gibt Momente, in denen einem klar wird, dass es so nicht weitergehen kann, dass sich das Leben ändern muss. In einem genau solchen Moment entschließt sich Alexandra Reinwarth zu einem spannenden Selbstversuch: Sie wird so leben, als wäre es ihr letztes Jahr. Und dieses Experiment ändert alles: Wie aus Sorgen, Stress und Anspannung ein Leben ohne Wenn und Aber mit völlig neuen Prioritäten und überraschenden Zielen wurde, erzählt sie in ihrer unnachahmlich humorvollen Art und zeigt, was passiert, wenn man wirklich im Jetzt lebt!

mvgverlag

256 Seiten
16,99 € (D) | 17,50 € (A)
ISBN 978-3-7474-0043-2

Alexandra Reinwarth
Glaub nicht alles, was du denkst
Wie du deine Denkfehler entlarvst und endlich freie Entscheidungen triffst

Alexandra Reinwarth trifft ihre Entscheidungen rational. Also einigermaßen. Das dachte sie zumindest, bis sie sich intensiver mit der Frage beschäftigte, ob das 17. Paar schwarze Schuhe im Schrank wirklich nötig war. Jetzt weiß sie: Der Verstand hat nichts zu melden. Regelmäßig wird man von anerzogenen Denkfehlern in die Irre geführt.
Scharfsinnig und witzig zeigt Alexandra Reinwarth, wie man diesen Fehlern auf die Spur kommt und endlich kluge Entscheidungen trifft. Eine unerlässliche Hilfe für alle, die sich wundern, warum sie gute Vorsätze nie einhalten, tolle Ideen nicht umsetzen und dauernd Dinge kaufen, die sie niemals brauchen werden.